六辻彰二

世界の独裁者

現代最凶の20人

GS
幻

まえがき

２０１０年の末頃から、チュニジアやエジプトを起点に始まった政変は、ツイッター、フェイスブックなどのソーシャルネットワークを媒介として、またたく間にデモへの参加者を増やし、中東・北アフリカ一帯に拡大した。

野火のように広がった一連の政変は、多くの日本人に、世界にこれだけ多くの「独裁者」と呼ばれる人間がいることを、改めて認識させた。

実際、世界を見渡せば、「独裁者」は珍しくない。それが多くの日本人の意識の外にあるのは、「独裁者」が、先進国にいないせいだろう。

多くの日本人にとって、なじみのある「外国」は先進国である。国際政治学でも、先進国を研究対象にする専門家が圧倒的に多い。

先進国は一人当たりの所得水準が高く、政治的にも自由と民主主義が保障されている。

程度の差はあれ、政策決定者が日常的に説明責任を求められ、司法やメディアによる政府へのチェックが機能している。つまり、「独裁者」が生まれる余地がない。

しかし、先進国はあくまで〝少数派〟である。

厳密にいえば、「先進国」とはOECD（経済協力開発機構）のDAC（開発援助委員会）に加盟する23カ国を指す。これを狭義の先進国と呼ぶ。日本と韓国を除き、そのほとんどは欧米諸国である。

逆にいえば、世界のほとんどの国は、先進国ではない。2011年現在、国連加盟国は192カ国。狭義の先進国以外の国は、169カ国にのぼる。これらの国の多くは、貧富の格差が大きく、自由や民主主義は形式的なものに過ぎないのが現状だ。

かつて植民地として支配されていたこれらの国々は、列強の都合で引かれた境界線に沿って独立した結果、数多くの宗教や民族が混在し、国民としての一体性に乏しくなった。それもまた、強権的に国を治める「独裁者」が生まれやすい理由にもなっている。

「独裁者」とは、具体的にはどんな人間を指すのか。

「独裁者」の概念はもともと、特定の目的のために、周囲の同意のもとに、一時的に全ての権力を委ねられた人間を指していた。

ナチスの御用学者と呼ばれたドイツの公法学者カール・シュミットは、独裁を二つの概念に分類している。

一つは、古代ローマの共和制であった「委任独裁」。戦争などの非常時に「法秩序」によって、一時的に全権を一人の人間に委任するものである。

もう一つは、近代以降に生まれた「主権独裁」。革命などで政権を獲得した人々が、新しい体制の確立を図るために権力を委任するもので、共産主義国家での「プロレタリア独裁」を念頭に置いている。

いずれの場合もシュミットは、「独裁者」を政府によって任命された特別なコミサール（委員）と規定している。

しかし、これをもって、現代の「独裁者」の全てを説明することはできない。

非常時において最高権力者にあらゆる権限を集中させるのは、多くの先進国でも同じである。ほとんどの国で、戦争や大災害の際、最高権力者に一定期間、「非常大権」を認めることが憲法で定められている。これは「委任独裁」の現代版といえる。

ところが、近現代の革命でも、独立後の開発途上国でも、「独裁者」は、外敵の存在や差し迫った社会・経済改革などを理由に「非常時」であることを強調して、半永久的に自らの権力による支配を続けようとしてきた。

つまり、現代の世界で「独裁者」と目されるのは、「非常時」を「常態化」させ、常にあらゆる権力を集中させている人物なのである。

これを踏まえて本書では、ややルーズではあるが、以下の基準を全て満たす個人を「独裁者」と呼ぶことにする。

(1) 行政、立法、司法の三権にまたがる権力を、制度的、非制度的にかかわらず、保持していること
(2) 法律の規定や民主的な手段によって、(任期がある場合は任期中に) そのポストから交代させることが、制度上、もしくは事実上できないこと
(3) 野党、マスメディア、市民団体など、自らに敵対的な勢力の活動を、手段を問わず制約していること

以上の基準に沿って、本書では「現在進行形」の「独裁者」に焦点を絞り、彼らを通し

て、流動化する国際政治を浮き彫りにすることを狙いとする。

「独裁者」が国際社会に及ぼす影響は大きい。それは、数の多さだけが理由ではない。中国に代表される新興国は、いまや世界経済の牽引役になっているが、そのなかには「独裁者」が君臨している国が少なくないからだ。

主な先進国にロシアを加えたG8サミット（主要国首脳会議）は、金融危機や地球温暖化といったグローバルな問題に対応しきれず、一種のセレモニーになりつつある。むしろ、G8参加国に中国やサウジアラビアなどの新興国を加えたG20（金融世界経済に関する首脳会合）の合意の方が、いまや国際社会に大きなインパクトをもっている。先進国の影響力が衰退した結果、「独裁者」の発言力が相対的に大きくなっているのである。

「独裁者」の多くは、先進国と敵対することも稀でない。冷戦終結後、先進国は開発途上国に対して援助や融資をする代わりに、暗黙のうちに、民主化や人権保護などを求めてきた。

これが「独裁者」の目には「内政干渉」と映る。最近では、中国やロシアを中心に、「独裁者」同士の連携も目立つようになっている。

既に述べたように、先進国以外のほとんどの国の最高権力者は、多かれ少なかれ「独裁者」としての側面をもっているが、限られた紙幅で、それら全てを網羅することは難しい。

　そこで本書では、米紙『ワシントン・ポスト』の週末誌『パレード』が毎年発表している「世界最悪の独裁者ランキング」２０１１年版に準拠して20名を取り上げ、その個人像、政治手腕、評価などをスケッチする。

世界の独裁者／目次

写真　ロイター／アフロ
AP／アフロ（P46、71、84、122、162）
アフロ（P96）

ロバート・ムガベ

Robert Gabriel Mugabe
1924年2月21日生まれ

ジンバブエ共和国／大統領

私腹を肥やすために
戦争をする「最悪の」大統領

選挙への露骨な介入

米紙『ワシントン・ポスト』の週末誌『パレード』は、毎年「世界最悪の独裁者ランキング」を発表している。2011年度、その1位の座は、アフリカ南部にあるジンバブエのロバート・ムガベ大統領に与えられた。

ムガベは現在、世界屈指の「独裁者」に位置づけられており、ジンバブエは2005年に公開されたニコール・キッドマン主演のハリウッド映画『ザ・インタープリター』に登場する、架空の独裁国家のモデルともいわれる。

ムガベは1980年、ジンバブエ独立にともなって首相に就任し、1987年に大統領制に移行して自らその座に就いた。その後も一貫してジンバブエの最高権力者であり続けてきたが、その地位は、選挙への露骨なまでの介入によって維持されてきた。

ジンバブエでは複数政党制に基づく選挙が行われており、政権交代が一応可能な制度になっている。ところが、ムガベは軍隊、警察、諜報機関、さらに与党ZANU－PF（ジンバブエ・アフリカ国民同盟・愛国戦線）民兵や、出身エスニシティ（部族）ショナ人らを動員して、野党支持者への露骨な買収や襲撃を繰り返してきた。いわば、大統領自身が選挙の公平さを破壊しているのである。

一方で、このようなムガベへの反感も国内で広がりをみせており、2008年3月の議会選挙では、与党ZANU－PFが94議席、最大野党MDC（民主改革運動）が96議席を獲得したと非公式に伝えられた。ところがムガベは、これを報道したジャーナリストや、野党指導者たちを次々と逮捕した。そのうえ、5月の大統領選挙までの期間中には、少なくとも85名の野党支持者が、ZANU－PF支持者らによって殺害されたという。

それでも、大統領選挙でムガベの得票率は43・2パーセントで、MDC党首モーガン・チャンギライの47・9パーセントを下回った。過半数を獲得する候補がなかった場合、上位2名による決選投票が行われる。しかし、6月の決選投票までの間にムガベによる弾圧はさらに過酷なものとなり、少なくとも80名の野党支持者が殺害され、数百名が逮捕・行方不明、数万人が土地を追われたのである。

反ムガベの気運が広がるなか、ムガベ支持者らによる襲撃は野党の支持者だけでなく、指導者やその家族にまで及んだ。なかでも、決選投票直前にMDFモンドロ州支部長夫人が、ムガベの民兵によって殺害された事件は、国際社会に衝撃を与えた。このとき、夫人は片腕と両足を切断され、まだ生きているうちに家に火をつけられたのである。さらに、夫である支部長が届け出ると、警官は事件として受け付けることを拒絶したといわれる。

これらの襲撃を逐一ムガベが指示したという証拠はない。しかし、少なくともZANU－PF支持者らによる犯罪行為を積極的に取り締まらなかったことは確かである。

最終的に、チャンギライは立候補を取りやめざるを得なくなった。選挙戦で優位に立つ対立候補を徹底的に弾圧し、ムガベは不戦勝で五選を果たしたのである。

戦争で稼ぐ大統領

反体制派を弾圧し、選挙を形骸化させる一方で、ムガベは権力によって私財を蓄えてきた。その象徴が、第二次コンゴ内戦への軍事介入である。

1998年にDRC(コンゴ民主共和国)で、ルワンダなどから援助を受けた反政府勢力の攻撃が活発化した。これに対してムガベは、DRCのカビラ大統領を支援するよう、アフリカ諸国に率先して訴えた。そして、ほとんどの国がこれを無視して中立を保つなか、ムガベは1万2000人の部隊をDRCに派遣したのである。

隣国でもないDRCに、ムガベがわざわざ軍隊を派遣した背景には、この国がもつ豊富な地下資源があった。ムガベはグレース夫人名義でDRCにダイヤモンド鉱山を所有しており、これを守るための派兵だったともいわれる。

ともあれ、ジンバブエ軍はDRC軍に代わって反政府勢力と対峙し、カビラ大統領の後見役として大きな影響力をもつようになる。その結果、ジンバブエ軍は自ら管理する鉱山会社を保有するに至った。この会社は、2002年までに約50億ドル分の鉱山権益をDRCから譲渡されており、その中核にはムガベの腹心であるジンバブエ国防大臣のほか、その息子もいると伝えられる。ムガベは軍隊を動員することで、近隣の国の鉱物資源から得られる収益を、その取り巻きとともに、合法的に私物化してきたといえよう。

ムガベとその家族は国内にも、少なくとも3つ以上の農場を保有しており、その合計面積は6000ヘクタール以上といわれる。そこでは、農業開発庁から派遣された労働者が無償で働かされているという報告もある。いわば、大統領が国民を奴隷状態においているのである。

これら国家権力を用いた蓄財により、ムガベやその取り巻きは超豪華な生活を満喫している。香港やマレーシアに豪華な別荘をもち、41歳年下のグレース夫人はかつて欧米諸国での派手な買物ぶりから、有名ブランドになぞらえて「グッチ・グレース」とあだ名を付けられるほどであった。

しかし、ムガベによる反体制派の弾圧による社会不安や、DRC派兵の負担などは、もともとニッケルやプラチナなどの鉱物資源、綿花やタバコといった農産物の輸出で潤っていたジンバブエ経済に、深刻な負のインパクトをもたらしている。

特にDRCへの大規模な派兵は、ムガベらの私腹を肥やした一方、国庫に大きな負担を強いた。その結果、2000年代に経済は破綻の一途を辿り、2009年には2億パーセント以上という天文学的なインフレ率を記録している。これと連動して人々の生活は困窮を極めている。世界保健機関（WHO）の統計によると、2008年段階でジンバブエの平均余命は42歳で、これは内戦が続くアフガニスタンと並ぶ世界ワースト1位である。

独立運動の英雄・ムガベ

大統領選挙の対立候補に出馬を思いとどまらせるような弾圧を繰り返し、多くの国民が飢餓や貧困に苦しむなかでも自らの資産を増やし続けるムガベとは、どんな人物なのか？

ムガベは1924年2月21日、現在のジンバブエ、当時の南ローデシアに生まれた。少年時代のムガベは友人と遊ぶことがなく、ほとんどずっと本を読んでいたと伝えられる。南アフリカやイギリスの大学で法学や経済学を学び、ザンビアやガーナで教職に就いた経験をもつ。ガーナで教員をしていた頃、後に最初の夫人となる、やはり教員だったサリー・ハイフロンと知り合っている。

そしてこの頃、ガーナ初代大統領クワメ・ンクルマの思想に触れ、大きな影響を受けている。ンクルマはガーナをアフリカで最初の独立に導いた人物であり、反植民地主義と社会主義、さらにアフリカの統一を訴えるその主張は、多くのアフリカ人に強烈な印象を及ぼしていた。若きムガベも、その洗礼を受けた一人であった。

当時、南ローデシアはイギリスの自治植民地であった。しかし、全人口の1パーセントに満たないイギリス系白人が、耕作可能地の46・5パーセントを保有し、圧倒的多数の黒人を支配する状況は、1950年代頃から世界の非難を集めていた。特に反植民地運動が高まり、周囲で黒人中心の国が次々と独立していくことに、危機感を抱いた白人たちは、1965年に白人中心の国ローデシアとして独立を宣言したのである。

しかし、その頃には既に、ローデシアでも黒人中心の独立を目指す人々が生まれていた。反植民地主義のイデオロギーを携え、1960年に帰国したムガベは、白人との穏健な交渉を拒絶し、武装闘争を掲げる中心人物として頭角を現した。1964年からの10年間の監獄生活を経た後、ムガベは中国の支援を受け、社会主義国家の建設を目指して、白人政権との武装闘争を主導したのである。

1979年、ムガベらの武装闘争もあって、国際的非難にさらされていたローデシア政府は、イギリス政府の呼びかけで、全人種参加の選挙を実施することを、各独立運動組織との間で合意した（ランカスター・ハウス協定）。これに基づく1980年の選挙で、ZANU－PFの前身で、ムガベ率いるZANU（ジンバブエ・アフリカ国民同盟）が圧勝し、ローデシアはジンバブエとなり、ムガベはその初代首相となったのである。白人政府との武装闘争を主導したムガベは、ジンバブエ独立の英雄でもあった。

転機となった土地問題

そのムガベが「独裁者」として国際的に強く批判されるに至った最大の契機は、土地問題にあった。

独立当初のムガベは、白人との宥和を図った。白人の私有財産を保障して、好調だったジンバブエ経済を維持する一方、ランカスター・ハウス協定に基づいて、イギリス政府の援助によって、希望する白人の土地を高値で買い上げ、黒人に分配していったのである。

ところが、この宥和はやがて崩れる。1998年頃から、ムガベ支持者らによる白人農園の不法占拠が起こり始めた。さらに、2000年2月に実施された国民投票では、大統領職の任期6年2期までという制限を撤廃するとともに、白人の所有地を補償なしに収用できるよう、憲法改正が諮《はか》られたのである。

ところが、ムガベの権力を露骨に強化しようとするこの国民投票は、結果的に55パーセントの反対で否決された。

にもかかわらず、この直後から各地で白人農園の不法占拠や、農園主への襲撃が本格化する。ムガベはこれを黙認したばかりか、4月には国民投票で否決された内容を認める法案を議会に提出し、最終的にこれが可決されたのである。これは、独立当初に模索した宥和をムガベ自身が破壊したことを意味する。

ムガベが白人の土地の強制収用に向かった背景として、イギリス政府の方針転換は無視できない。1997年に誕生した労働党のトニー・ブレア政権は、「過去のイギリスによる植民地支配に労働党は加担していない」と主張し、ランカスター・ハウス協定に基づく、土地回収のための資金提供を一方的に停止した。これがもともと反植民地主義者だったムガベを、一気に人種差別主義的な政策に向かわせた。

さらに、ムガベが独裁的な傾向を強めた個人的な事情もある。1961年に結婚した元教員のサリー・ハイフロンは、終生ムガベのよきアドバイザーだった。しかし、彼女は1992年に病死し、ムガベは1996年に元秘書のグレース夫人と再婚した。歯止めが利かなくなったのは、この頃からである。

これら複数の要因が絡まりあう形で、2005年8月にはムガベの念願だった憲法改正が実現し、白人農園の強制収用が明記された。同時に、一時廃止されていた上院が復活。上院は、定数93名の上院議員のうち、33名は大統領による任命制で、ムガベの意向が立法に反映されやすい仕組みになっている。

「反白人」の旗頭

白人の土地収用問題をきっかけに、ムガベは欧米諸国から「独裁者のなかの独裁者」と目されるようになった。

もともとムガベは欧米諸国と良好な関係にあった。独立直後の人種間の宥和は経済を安定させ、さらに1980年代末には乳幼児死亡率の低さや識字率の高さで、ジンバブエはアフリカ最高水準を達成した。貧困や紛争が蔓延するアフリカにあって、その成果は「ジンバブエの奇跡」と呼ばれ、1994年にはイギリス女王からムガベにナイトの称号が贈られている。

ところが、白人の土地収用を認める法案が可決した2000年以降、この関係は一変する。欧米諸国はムガベや政府高官らの海外資産凍結や渡航禁止、さらに禁輸措置など、ジンバブエに対する制裁を強めた。ムガベだけでなく、グレース夫人らの一族もまた、欧米諸国への入国が禁止されるなど、制裁の対象になっている。そして、2008年にムガベはイギリス政府からナイトの称号を剝奪されたのである。

これに対するムガベの反論もエスカレートの一途を辿っている。2003年に旧イギリス領植民地の国々で構成される英連邦から脱退して以降、冒頭で紹介した『ザ・インタープリター』を「CIAのプロパガンダ」と非難したり、2005年にローマ法王ヨハネ・パウロ2世の葬儀に出席したときには、葬儀の最中にいきなりチャールズ・イギリス皇太子に握手を求めたり、2008年に当時のコンドリーザ・ライス・アメリカ国務長官を「白人の奴隷」と嘲笑したりするなど、欧米諸国に対する挑発的な言動が目立っている。

そんなムガベだが、アフリカ内では全面的でないにせよ、一定の理解がある。ザンビアのケネス・カウンダ元大統領は、2007年に「ムガベを悪魔のように扱う欧米諸国は、自由のために戦った彼に対してあまりに無理解」と批判した。セネガルのアブドゥライ・ワッド大統領も「ジンバブエの問題は植民地主義の遺産」と発言している。2008年の大統領選挙をめぐる反対派弾圧を受け、国連安全保障理事会にジンバブエへの制裁決議案が提出されたときには、ロシアや中国が「内政問題」として拒否権を発動しただけでなく、非常任理事国だった南アフリカが、やはり反対票を投じている。

かつて奴隷貿易や植民地支配を行った欧米諸国に対して、アフリカには根強い反感があり、さらに外部からの介入にも拒絶反応がある。ムガベは「黒人対白人」の構図でこれを扇動し、アフリカ内部の世論を自らに引き寄せているのである。

変わり始めた周辺諸国とムガベの対応

ただし、アフリカ内部のムガベ擁護も、限界に近づいている。

ムガベの独裁ぶりが目立ち始めた1990年代末以降、ジンバブエの選挙は野党支持者への襲撃、暗殺、買収で溢れかえった。

2002年、選挙を監視した欧米諸国がその「不当性」を訴えたのに対して、アフリカ諸国からの監視団は「合法的」だったとして選挙結果を容認した。ところが、2008年選挙では、アフリカ諸国の監視団すら、その「不当性」に言及している。

その背景には、ジンバブエの混乱がこれ以上続けば、難民の流出などで自分たちも影響を免れないという危機感がある。さらに、アフリカ諸国はそれぞれ欧米諸国から援助や融資を受けており、ムガベを擁護し続けるリスクも大きい。

そんなアフリカ諸国からの強い要請で、大統領選挙に不戦勝した翌2009年2月、ムガベは、決選投票への立候補を取りやめたチャンギライを首相に任命し、与野党による連立政権樹立に踏み切っている。

敵対勢力と権力を分け合い、衝突を回避して宥和を図る手法は「権力分有（パワーシェアリング）」と呼ばれる。権力分有は、近隣諸国の面子を立てることで、アフリカにおける自らの立場を保全するためのムガベの判断といえよう。

しかし、形のうえで権力分有が実現した後も、ムガベの独裁に大きな変化はみられない。欧米諸国やアフリカ諸国は、憲法を修正するよう求めており、これは権力分有のための与野党協議でも合意されたが、その後は進展がみられない。

さらにチャンギライは首相就任直後の3月に交通事故に巻き込まれ、本人は無事だったものの夫人が命を落とした。チャンギライ自身は「ただの事故とは思えない」と発言しており、ムガベによる暗殺未遂という見方が大勢を占めている。

ムガベの存亡は、一族だけでなく、彼を支えてきた軍隊や諜報機関、さらに出身母体であるショナ人にとっても死活問題である。ＤＲＣへの派兵によって同国の鉱山権益を手に入れた軍人や、白人の土地を分配されたショナ人は、その代表格である。

ムガベが生きている限り、その独裁体制は続くものとみられる。ただし、明確な後継者がおらず、２０１１年現在で87歳と高齢のムガベが死亡した後、ジンバブエに更なる混乱が訪れる可能性は否定できない。

オマル・アル・バシール

Omar Hasan Ahmad al-Bashir
1944年1月1日生まれ

スーダン共和国／大統領

世界最悪の人道危機、ダルフール紛争の首謀者

5年間で、20万人から40万人が死亡

アフリカ北東部にあるスーダンは、日本の約7倍にあたる250万平方キロメートルと、大陸一の面積を誇る。この国のオマル・アル・バシール大統領は、「世界最悪の人道危機」と呼ばれたダルフール紛争の首謀者として知られる。

2003年からスーダン西部のダルフール地方で発生した紛争で、バシールは資金や武器をアラブ系ムスリム住民に提供し、彼らにキリスト教徒やムスリムのアフリカ系住民の村々を襲わせたといわれる。バシールの支援を受けたとみられるアラブ系民兵組織「ジャンジャウィード」の襲撃、殺戮により、国連の統計によると2008年までの6年間で、20万人から40万人が死亡し、避難民は250万人以上にのぼる。

大統領が、なぜ自分の国の国民に対する襲撃や虐殺を支援してきたのか？　その最大の要因は、バシールが自らの支持基盤であるアラブ系ムスリム住民に、農地となる土地を与えるためであったとみられる。

もともと、スーダンは北部にアラブ系ムスリム、南部にアフリカ系キリスト教徒が多く、人種やエスニシティ、宗教が複雑に入り組んだ国である。しかし、1956年の独立以来、人口に勝るアラブ系ムスリムが一貫して政治権力を握り、イスラームの聖典「コーラン」に基づくイスラーム法を南部にも適用しようとしてきた。これに南部が反発したことで、1983年から第二次内戦が勃発し、2005年の包括和平合意に至るまで、南北における人種・宗派間の内戦が続いてきたのである。

こうした状況のもと、バシールはアラブ系ムスリムの支持を固める必要があった。そのための手段として、南北間の内戦とは全く無関係に、ジャンジャウィードなどにアフリカ系住民の農地や家畜を奪わせ、物質的利益を与えるとともに、アラブ系ムスリム以外のグループの力を削ごうとしたと考えられる。ムスリムであれキリスト教徒であれ、アフリカ系住民が多い村ほど襲撃の対象となってきたことは、その傍証といえよう。

組織的な大量虐殺（ジェノサイド）に加担しているとして、2003年以来、バシールは国際人権団体などから強く批判されている。これに対して、バシールは自らの関与ばかりか、ダルフールでの「内戦」の存在そのものを、一貫して否定してきた。

バシールの主張によると、「人種や宗派間の小競り合いはあるが、政府はこれに関与していないので『内戦』ではない」。そして、犠牲者も「5年間で9000人ほど」だとして、逆に欧米メディアがスーダンの状況を過剰に伝えていると批判してきたのである。

中国との緊密な関係

欧米諸国から強い非難を受けながらも、バシールは強気の反論を繰り返してきた。そこには、アジアの新興国との緊密な関係を保ち、経済的基盤を確保するとともに、欧米諸国を牽制するという戦略がある。

バシールのこの方針を支えるのは、スーダンの石油資源である。スーダンは日産49万バレルの産油国で、アフリカ大陸で6番目の規模をもつ。資源・エネルギーの国際価格が高騰するなか、産油国であることが国際的に強い立場を保つのに役立つことはいうまでもない。バシールはインド、マレーシア、インドネシアなどの企業にスーダンの油田開発を開放しているが、なかでも中国との緊密な関係は広く知られる。

第二次内戦で次々と撤退していく欧米企業を尻目に、中国は１９９５年からスーダンの油田開発に参入している。これは、２００７年頃からは、スーダン産原油の約40パーセントを中国一国で購入している。これは、中国が輸入する原油の約10パーセントにのぼる。

中国との関係には不透明な部分が多いが、バシール個人もこれによって巨額の利益を得ているといわれる。ウィキリークスによって流出した情報では、バシールが原油収入で潤う国庫から着服した金額は90億ドルにのぼる。

しかし、それだけでなく、中国との関係強化はバシールにとって、ダルフールでの戦闘を続ける不可欠の条件となっている。バシールは原油収入の多くを兵器購入にあてており、２００６年までにスーダンが中国から購入した兵器は、５５００億ドルを超えるとみられる。その結果、スーダン政府軍だけでなく、ジャンジャウィードが使用する兵器の多くも中国製になったが、このなかには武装ヘリや装甲車などの高性能兵器も含まれる。

さらに、バシールの露骨な中国シフトには、スーダンの石油利権から欧米諸国を締め出すことで、政治的圧力を控えるように迫る意味がある。アフリカにおける中国の台頭は、自らのプレゼンス低下に対する欧米諸国の危機感を募らせているが、バシールはこれを巧みに利用している。

２００９年の米誌『タイム』のインタビューに対して、バシールは「スーダンの試みにより、他のアフリカ諸国も同様に中国へ接近するだろう」と発言している。ここからは、欧米諸国と中国のグローバルな対立を逆手にとるバシールの姿が浮かび上がる。バシールは、原油を活用することで、中国というテコの力を十二分に発揮してきたのである。

反米的で現実的な「独裁者」

アフリカ系住民に対する民族浄化や、中国との露骨な協力で、「独裁者ランキング」上位の常連になったバシールは、欧米諸国への敵意を隠そうともしない。その一方で、権力維持のためには、敵、味方かまわず利用する。

バシールは１９４４年にスーダン北部に生まれた。１９６０年に軍に入隊し、１９７３年には第四次中東戦争に従軍している。この戦争で、パレスチナを占領するイスラエルとともに、それを支援する欧米諸国、なかでもアメリカに対する敵愾《てきがい》心を強めたといわれる。

帰国後、順調に昇進を重ねたバシールは、第二次内戦下の１９８９年、無血クーデタで政権を掌握した。このとき、協力したのがイスラーム組織ＮＩＦ（国民イスラーム戦線）のハッサン・アル・トラービーであった。

クーデタ後、バシールは首相、国防相、革命委員会議長などの要職を独占し、１９９３年には大統領をも兼務する。権力を一手に握ったバシールは、全土でイスラーム法を施行し、これに反発する南部キリスト教徒への攻撃を強化するなどして、ＮＩＦの要求を反映させていったのである。

ところが、バシールとトラービーの関係は、１９９６年の民政移管の頃から悪化し始めた。当時、バシールは経済状況の悪化もあって欧米諸国との関係改善を模索していたといわれる。大統領選挙の実施にともなう民政移管は、その一環であった。

これに対して、筋金入りのイスラーム主義者トラービーは、アメリカと協力する隣国エジプトのムバラク大統領（当時）暗殺計画に加担したり、母国サウジアラビアを追われた、その後のアル・カイダの首謀者ウサマ・ビンラディンをスーダンに招いたりしたため、両者の溝がいっそう深まったのである。

１９９６年選挙で大勝し、改めて大統領に就任したバシールは、トラービーを国民議会の議長に据えた。しかし、トラービーが大統領権限を制限する法案を作成したことで、両者は決定的に対立する。結局、バシールは1999年に非常事態宣言を出し、軍隊を動員して議会そのものを解散させ、権力の中枢からトラービーを追い出したのである。その後、トラービーは数回にわたって逮捕・拘禁されている。

ここからは、バシールがもつ現実主義をうかがうことができる。トラービーがイスラーム主義的な価値を強調し、国際テロを含む手段を辞さなかったのに対して、バシールは反米の一点では共通するものの、権力維持を優先させてきた。経済的に困窮した1990年代初頭に欧米諸国との関係改善を模索したことは、その証左である。その意味で、イスラーム主義への理解もまた、バシールにとって一種の政治的な手段にすぎないといえよう。

2009年に国際指名手配

しかし、トラービー排除後も、バシールは自らの権力維持のためにNIFら過激な反米イスラーム勢力を利用しており、欧米諸国との関係は悪化してきた。

1991年の湾岸戦争で、多くのアラブ諸国と異なり、バシールはイラク支持の立場を打ち出した。これは国内外のイスラーム主義者への配慮であったが、戦争後アメリカはスーダンを「テロ支援国家」に指定し、経済制裁を敷いた。さらに1998年、ケニアとタンザニアのアメリカ大使館で爆弾テロが発生すると、米軍はスーダンの首都ハルツーム近郊の「化学兵器を作っている」と目された工場に報復の爆撃を行った。このとき、バシールは「空爆されたのは殺虫剤工場だった」と主張している。

２０００年代に入ると、ダルフール紛争、石油収入による中国からの兵器購入、さらにスーダン国内で欧米系ＮＧＯやジャーナリストが何人もスパイ容疑で逮捕されたことで、欧米諸国との関係は決定的に悪化した。

これを背景に、２００９年3月と２０１０年7月、ＩＣＣ（国際刑事裁判所）はバシールに対してダルフールにおける「人道に対する罪」「ジェノサイド（大量虐殺）罪」で逮捕状を発行した。ＩＣＣは１９９０年代にバルカン半島やルワンダなどで相次いだ民族浄化を教訓に、個人による国際的な犯罪の訴追、処罰を目的に、２００３年オランダのハーグに設立された。ＩＣＣが現職の国家元首を起訴するのは、バシールが初めてである。

この逮捕状には、ダルフールでの一般市民の虐殺、集団レイプなどの非人道的な行為に、バシールが指示、命令といった形で関与したとあり、ＩＣＣ締約国は自国にバシールが来た場合、これを逮捕してＩＣＣでの裁判に付さなければならなくなったのである。

これに対して、バシールは徹底抗戦の構えを崩さない。「ダルフールに行ってみれば、彼らのウソがはっきりする」と豪語し、逮捕状の発行は「インクの無駄」と断言している。

中東やアフリカの各国政府からは、バシール擁護の声も多く聞かれる。多くの「独裁者」たちにとって、バシールに対するICCの逮捕状発行は、他人事ではない。バシールの働きかけにより、エジプトのムバラク大統領（当時）、リビアの最高指導者カダフィ（当時）を中心に、中東諸国やアフリカ諸国が逮捕状の執行延期を国連安全保障理事会に求め、中国やロシアもこれに同調した。

その結果、逮捕状の発行後、バシールはエジプト、トルコ、ナイジェリアなど、ICC締約国を含むいくつかの国を訪れながらも、逮捕されずに帰国している。中東、アフリカ、さらにアジアの「独裁者クラブ」を巻き込むことで、バシールは欧米諸国との対決姿勢を保ってきたのである。

南部スーダン独立問題

ただし、バシールはあらゆる問題で欧米諸国と対決してきたわけではない。ダルフール紛争と並んで、スーダンが抱えるもう一つの懸案であった南北間の内戦に、より柔軟な姿勢で臨んだことは、その表れである。

１９８３年に発生した南北間の内戦は、やはり大規模な虐殺や避難民の発生によって、国際的な非難を浴びていた。これを受けてバシールは、２００５年1月に長年敵対してきたゲリラ組織ＳＰＬＡ（スーダン人民解放戦線）最高司令官ジョン・ギャランとの間で包括的和平合意を達成したのである。この和平合意には即時停戦のほか、６年間の暫定自治の後に住民投票を行い、その結果に従って南部の独立を認める内容が盛り込まれており、内戦の民主的な解決を求める欧米諸国からも好意的に評価された。

7月にギャランがヘリコプター事故で死亡すると、ＳＰＬＡの求心力を低下させようとする陰謀という観測も流れたが、包括的和平合意そのものは維持された。既定路線に沿った２０１０年4月の選挙の結果、バシールが大統領に、ギャランの後を受けたサルヴァ・キールが南部自治政府大統領に、それぞれ就任した。そのうえで、２０１１年1月に独立の是非を問う住民投票が南部で実施され、独立賛成が98パーセント以上の得票を集めたのである。その結果を受けて、２０１１年7月、南スーダンは独立した。

ここで注目すべきは、ダルフール問題に比べて、南部スーダン問題ではバシールが欧米諸国に大きく譲歩した点である。バシールはダルフールへの国連平和維持部隊の派遣を数年にわたって拒絶し続け、最終的に北京五輪を控えて欧米諸国との関係改善を重視した中国の説得で、２００７年にようやく受け入れた。しかし、その後もスーダン政府は非協力的な姿勢を崩しておらず、国連部隊の展開は遅れがちである。

これに対して、南部スーダンの場合は、包括的和平合意の二ヵ月後の２００５年３月には国連安保理が平和維持部隊の派遣を決定し、バシールは文句も言わずにこれを受け入れている。また、翌4月にはオスロでスーダン復興会議が開かれ、国際社会が45億ドルの資金提供を約束している。さらに２０１１年の住民投票では、欧米諸国から派遣された選挙監視団の活動も保護されている。

南部独立には、「イスラーム共同体としての統一スーダン」を重視する、北部のイスラーム主義者が強い不満をもっている。それにもかかわらず、バシールが対外的に柔軟な姿勢を示す背景には、長年の懸案である第二次内戦の終結を図るだけでなく、ダルフール問題で極度に悪化した欧米諸国との関係改善の意図をうかがうことができるのである。

中国との間に吹き始めた隙間風

しかし、この政治手法が、今後どの程度継続できるかは不透明だ。南部の住民投票の結果を受け、バシールはイスラーム法を強化する声明を発表した。キリスト教徒中心の南部がスーダンでなくなるため、これまで以上にイスラームの価値を前面に押し出せるというのである。いうまでもなく、これはイスラーム主義勢力を中心とする北部住民の歓心を買うための方策に他ならない。

しかし、女性の権利などを制限するイスラーム法が強化されれば、南部スーダン独立問題でやや緩和された欧米諸国との緊張を、再び高めることにもなりかねない。のみならず、ダルフール地方で政府と敵対してきたゲリラ組織のＪＥＭ（正義と平等運動）など、北部や西部のキリスト教徒の不満をさらに誘発し、内戦が再燃する危険すらある。

さらに、バシールの命綱ともなってきた中国との関係も、南部スーダン独立問題によって不透明感を増している。この地域に進出していた中国企業の権益は保障されるが、バシールと敵対してきた南部スーダンは、親欧米的な国家として建設される見込みである。さらに、スーダンの油田の８割は独立した南スーダンに集中しているため、中国自身も南へのシフトを見せ始めている。中国は従来通りバシールと友好関係を維持する姿勢を示しているが、微妙な隙間風が吹き始めたことは否めない。

秘密のヴェールに包まれた「将軍様」

金正日

Kim Jong-il

1941年2月16日生まれ

朝鮮民主主義人民共和国／最高指導者

軍こそ国家

拉致問題や核・ミサイル開発など、何かとトラブルを引き起こす、日本のやっかいな隣人、北朝鮮。それを率いる金正日が1997年に朝鮮労働党の中央委員会総書記に就任して以来、頻繁に用いられるようになったスローガンが「先軍思想（先軍政治）」である。

その名の通り、これは全てにおいて軍事を優先させる、という金正日の基本姿勢を示す。軍こそが「革命の柱」であり、「革命を成功に導くための『万能の宝剣』」であると、労働党の機関紙『労働新聞』において、金正日自身が語っている。

北朝鮮では、1995年に2400万人だった人口が、2005年には1900万人前後にまで減少したとみられている。これはエネルギー不足や天災などによる食糧不足が原因である。しかし、それでも「先軍思想」のもと、膨大な軍事予算がつぎ込まれてきた。

国民の生活を顧みず、諸外国と対立してまで、金正日が朝鮮人民軍をそれほどまでに重視するのは、単に軍事力が日本やアメリカとの対抗手段として欠かせないからだけではない。軍こそが、金正日の権力を支える基盤なのである。

北朝鮮を建国した金日成が死亡した1994年以前から、金正日は後継者としての地位を確立し、父親と権力を分有していた。1992年に憲法が改正されて軍の統帥権が国家主席から国防委員長に移され、翌1993年に金正日がこのポストに就任した。これは、「建国の父」として圧倒的な権威をもつ父親の存命中に、少なくとも形式的には、金正日が軍の掌握に成功したことを意味する。

金正日は、金日成の没後、1997年に党中央委員会総書記に就任し、名実ともに最高権力者となった。しかし、翌1998年に更に憲法を改正し、国家主席制を廃止したうえで、最高人民会議で国防委員長に再任された。このとき、国防委員長は「国家の最高職責」とされた。軍事を統括する国防委員長が最高権力者であると公式に表明されたことは、軍が国家の根本であると宣言したに等しく、社会主義の放棄とすらいえる。

いずれにせよ、金正日の政治権力は、もはや労働党ではなく、軍によって支えられている。「瀬戸際外交」に象徴されるような、周辺国からみれば異常とも映る北朝鮮の言動は、「軍こそ国家」と捉える最高権力者・金正日の思想と権力構造からすれば、不思議ではないのである。

軍との微妙な関係

ただし、金正日は無条件に軍を統括できているわけでない。むしろ、両者の関係は、微妙なバランスのうえに成り立ってきた。

1960年代の後半から1970年代の初頭にかけて、父・金日成の後継者の座をめぐり、金正日は異母弟・金平一との熾烈な権力闘争を繰り広げた。金正日は大学卒業後、一貫して党においてキャリアを積み上げた。必然的に、その支持基盤は、主に党や官僚にあった。

一方、北朝鮮において軍は、もともと特別な地位を占めていた。ソ連や東欧の共産主義国家と異なり、北朝鮮の場合はまず日本の植民地支配に対する武装闘争があり、その後に政治闘争があった。いわば歴史的に、軍が党に先行したのである。さらに、軍には金日成の武装闘争を支援したソ連が、強い影響力をもっていた。そのため、独立後も軍は権力の中枢にあったのである。

これに加えて、生前の金日成は、自分の死後について、一時期「党を正日に、軍を平一に」と考えていたといわれる。したがって、後継者としての地位を確立するために、金正日には軍を取り込む必要があったのである。

この権力闘争の詳細は明らかでない。しかし、最高権力者となった後の金正日の動向からは、軍を重視しつつ、他方でその勢力が大きくなりすぎないように抑制しようとする姿勢もうかがうことができる。

1993年、射程約1300キロメートルのノドンミサイルの発射実験が行われ、能登半島沖に着弾した。これは、金正日が国防委員長に就任した年である。さらに、1998年には国際的には「人工衛星の打ち上げ」と表明しながらも、射程1500～2500キロメートルのテポドンミサイルの発射実験が行われた。これは、国防委員長が国家の最高職責と公の周知が図られた年であった。

このように、金正日と軍との関係の節目ごとに、核・ミサイル開発の成果が宣伝されてきた。このことから金正日は、国家の中核にある軍の満足感を引き出すショーとして、これらの実験を行ってきたとみられている。

一方で、金正日は自らの健康不安説が信憑性を帯びるようになった2010年に、溺愛する実妹・金敬姫に、朝鮮人民軍大将の称号を授けている。ほぼ同時期、その夫の張成沢を国防委員会副委員長に据えている。この二人は、金正日が信頼する数少ない人間であるが、長く党のポストは与えられていても、軍とは無縁であった。それを急遽、軍を管理する立場に置いたことは、後述する後継者問題と絡んで、軍がさらに勢力を伸ばすことに対する、金正日の警戒を示すものと考えられるのである。

2つの出生説と、血統の純化

北朝鮮の政治体制は極めて閉鎖的で、内部の様子はほとんどうかがえない。国際NGO「国境なき記者団」による2010年度の「世界報道自由ランキング」で、北朝鮮は178ヵ国中177位であった（最下位はエリトリア）。

ウィキリークスによって流出したところでは、北朝鮮に関する日本政府の主な情報源が、かつて金正日の専属料理人であったと「自称」する藤本健二であることが判明している。

これは日本政府の情報収集能力の低さとともに、不確実で断片的な情報しか得られない状況を物語る。

北朝鮮の公式発表では、金正日は1942年に中国国境に近い白頭山で生まれたとされる。しかし、1941年にソ連領内の軍事訓練キャンプで生まれたという説もある。いずれにしても、大学在学中の1961年に朝鮮労働党に入党し、その3年後、大学卒業と同時に党中央委員会に勤務し始めたことが確認されている。

以来、金正日は党においてキャリアを重ねた。映画鑑賞が趣味で、日本の『ゴジラ』などのファンであることが知られているが、党においても映画局で勤務した経験をもつ。最終的には、党宣伝扇動部副部長や文化芸術部長を務めている。

父・金日成の後継者に決定したのは1974年のことで、その地ならしとして1972年に党中央委員に、1974年に党政治委員会委員などに選出された。しかし、その後も、金正日の名は対外的に公表されず、北朝鮮メディアでは「党中央」とのみ呼ばれた。この頃、「正日」の名をもつ国民が、強制的に改名させられたといわれる。

後継者に決定するや、金正日は権力闘争で敗れた者を、露骨なまでに排除した。異母弟・金平一は、フィンランド大使などとして国外に左遷された。その頃、平一は去勢手術を受けさせられたが、これは「独裁者」の血統の純化を図るものと理解される。

また、平一の実母で金正日の継母である金聖愛も、同じ頃にジャモ山の山荘に送られ、以後公式の場から姿を消した。さらに、彼らを支持した者は農村や鉱山に送られ、強制労働に従事させられたとみられている。

国民の前にその姿を現したのは、1980年の党大会においてである。その後、金正日は段階的に父・金日成と権力を分有していった。現在では、国防委員長、労働党総書記のほか、共和国元帥、朝鮮人民軍最高司令官、朝鮮労働党中央委員、最高人民会議代議員などの肩書きをもつ。これらの要職を一手に握ることで、その個人支配が完成したのである。

宣伝の専門家

国民から「将軍様」と呼ばれる金正日は、しかしパルチザン闘争を率いた父・金日成と違い、実戦経験はない。むしろ、「独裁者」としての金正日の本領は、情報統制と宣伝にある。

金正日が平一との後継者争いを勝ち抜いた原動力は、父・金日成をカリスマ化、神格化するためのプロパガンダやイメージ操作による貢献が大きかったという説が有力である。

さらに、それは映画局で勤務した経験が反映されているといわれる。

もともと、社会主義国家において情報統制と宣伝は「独裁者」の常套手段であるが、金正日の場合は、それを党や国家による支配よりむしろ、父だけでなく、自分の個人支配の貫徹に役立ててきた。1982年の公式発表で、金正日の生誕地が中国国境に近い白頭山とされたことは、その象徴である。

白頭山は伝説的王朝「檀君朝鮮」が起こったとされる、朝鮮民族の精神的ルーツと呼べる地である。白頭山に金正日の出生当時のものを再現したという丸太小屋が再建され、ここに詣でることが国民の義務となっている。

この小屋が建設された1987年は、金正日が党中央委員会政治局常務委員などの要職を兼務し、「党中央」という呼称によって、金日成の後継者として国民に周知が図られていた時期である。これを鑑みれば、金正日が自らそのイメージ操作を行ったとみることに、大きな無理はない。

また、金正日は映像による宣伝に通じている。映像でその肉声が伝えられることは、ほとんどない。これはめったに姿を現さないことによって、神格化するイメージ操作といえる。また、テレビなどでその姿が放送される前には、自ら映像をチェックするともいわれる。

経済的に困窮するにともない、その頻度は減ったが、かつて北朝鮮では数万人規模のマスゲームが行われていた。これもやはり、敵対国の要人をわざわざ招いて行い、そのスケールがもつ視覚的効果によって「たらし込む」手段として用いられていた点で、広い意味での宣伝にあたる。

2000年に訪朝したアメリカのマデレーン・オルブライト国務長官（当時）は、金正日の誘いに応じてマスゲーム見物に出かけ、記者団から感想を求められて「素晴らしい」と応じた。これに対して、亡命者の射殺、政治犯の拷問や強制労働といった人権問題に一切触れなかったとして、オルブライトはアメリカ国内世論の批判にさらされ、結果的にクリントン政権による北朝鮮政策は頓挫することとなったのである。

その後、アメリカや日本の政府関係者は、北朝鮮と交渉する際、食事を含めてほとんどの誘いに応じなくなっているが、これはイメージ操作への警戒の表れである。金正日の宣伝活動は、国内の支配のみならず、対外的に有利な立場を得るためにも活用されてきたのである。

社会主義王朝の権力世襲

２００８年頃から、金正日には心臓疾患、糖尿病、すい臓がんなど、健康に重大な問題があると伝えられてきた。生活習慣病という情報もあり、さらに重村智計《としみつ》・早稲田大学教授は２００８年に金正日死亡・影武者説を提起したが、いずれも２０１１年８月段階において確認できない。

しかし、２００８年９月９日の建国60周年記念軍事パレードに出席しなかった頃から、金正日が公の場にほとんど姿を現さなくなったことは確かであり、この頃に何らかの健康問題が発生したとみられる。それにともない、日本や韓国、アメリカでは、後継者問題が取り沙汰されてきた。

金正日はこれまでに5人の妻をもっており、2番目の妻で元女優の成蕙琳との間に長男・正男、4番目の妻の高英姫との間に、次男・正哲、三男・正恩をもうけている。

もともと、万人の平等を掲げる社会主義思想と、特定の家族による権力の世襲は相容れない。金日成の権力を金正日が継いだときには、朝鮮戦争以来「血の同盟」で結ばれた中国ですら難色を示した。これについて北朝鮮の公式見解は、「金正日が金日成の息子だから最高指導者になったのではなく、最も優れた人間がたまたま金日成の息子だった」というものである。とはいえ、事実上これが権力の世襲であることはいうまでもなく、「金王朝」と揶揄されることも無理はない。

いずれにせよ、金正日の健康不安説で、世襲を前提とした後継者問題がクローズアップされるなか、2009年6月に、三男の金正恩が後継者に決まったと在外公館に通達が出されたことが報道された。翌2010年9月には、金正恩の朝鮮人民軍大将、労働党中央委員、さらに党中央軍事委員会副委員長への就任が決まった。これによって、後継者レースに決着がついたとみられている。

長男の金正男、軍が推すといわれた次男の金正哲ではなく、三男の金正恩が後継者に決まった経緯の詳細は明らかでない。しかし、金正日の健康悪化にともない、その代理を務めてきた妹の金敬姫と、その夫の張成沢が、金正恩を推したという説が有力である。

先述のように、金敬姫と張成沢が軍を管理する現在のポストに据えられたのは、やはり2010年のことで、これは後継者問題がピークだった時期にあたる。この二人が、金正日の信頼を寄せる数少ない人物であることに鑑みれば、金正恩の後見役として重要ポストが割り当てられたと理解できる。

ともあれ、2010年5月と8月に、体調不良がいわれるなかで金正日は中国を訪問している。そこで金正日は、核開発をめぐる六者協議への復帰に前向きな姿勢を示したと伝えられる。これは権力の世襲に批判的な中国に、一種の交換条件を提示したものといえよう。

瀬戸際外交はさらに過熱する？

２０１０年10月10日、労働党創建65周年を記念する軍事パレードが平壌で行われた。このとき、金正日が久しぶりに公の場に姿を現し、金正恩とともに観閲した。この軍事パレードは海外メディアにも取材が許可されたため、金正恩の映像が先進国のメディアで大々的に伝えられた。金正日が後継者・金正恩の、いわば「お披露目」を行ったといえる。

こうして周知が図られた以上、金正日の健康問題もあり、権力の実質的な継承が進むものとみられている。しかし、金正日の退場は、北朝鮮がより無軌道になる危険性を孕《はら》んでいる。

その兆候は既に現れている。２０１１年2月、金正日の誕生日に合わせて、金正恩が軍を視察する様子が、北朝鮮の朝鮮中央テレビで放送された。このなかで、双眼鏡を上下逆に覗き込む金正恩の映像が、そのまま伝えられている。宣伝に力を入れた金正日の全盛期には、権力者の威厳を損なう、このようなイージーミスはあり得なかった。これは北朝鮮体制の「タガが緩み始めた」ことを象徴する。

金正日が金日成から権力を継承したときには、10年以上の歳月をかけて全権を掌握していった。これに対して、金正恩の場合は、極めて短期間のうちに最高指導者の座に就くことになる。そこで、少なくとも短期的には、金敬姫や張成沢らをはじめとする、集団指導体制にならざるを得ない。

その場合、金正日がある程度抑えてきた軍の影響力が、従来以上に大きくなると予測される。政治経験の浅い金正恩や、長く軍と縁遠かった金敬姫、張成沢らが、どこまで軍を管理できるかは疑問である。

軍の発言力が高まれば、その満足感を引き出すための核・ミサイルの開発・実験、さらにこれらの輸出が、より頻繁かつ大規模に行われる可能性も大きい。それは、「瀬戸際外交」がさらに過熱することをも意味する。

権力維持のために軍を慰撫してきた金正日は、その退場にあたって、さらにやっかいな置き土産を残そうとしているといえよう。

タン・シュエ

Than Shwe

１９３３年２月２日生まれ

東南アジア最後の「見えない」独裁者

ミャンマー連邦共和国／終身国家元首

軍による虐殺と、少数民族への迫害

ミャンマーは東南アジア最後の独裁国家である。タン・シュエ国家最高評議会議長は、１９８８年のクーデタ以来、この国の実権を握り続けてきた。近隣の東南アジア諸国が、１９９０年代に民主化と市場経済化を推し進めるなか、タン・シュエは頑なにこれを拒み続けてきた。その支配は、反対派に対する容赦のない弾圧で知られる。民主化勢力の精神的支柱であるアウン・サン・スー・チーが軟禁されてきたことは、その象徴である。

さらに、国際人権団体ヒューマン・ライツ・ウォッチの推計によると、ミャンマーには2009年の段階で、全国に43の刑務所と50以上の強制労働作業所があり、2000人以上の政治犯が収容されている。ミャンマーの人口が5000万人前後であることからすれば、小さな町に一人の割合で政治犯が摘発されていることになる。

しかし、近年、タン・シュエの独裁に対する抵抗が、幅広い階層を巻き込みつつある。2007年9月、最大都市のヤンゴンで数千人の僧侶が、大学生らとともに反政府デモを行った。このデモは1988年以来、最大規模のものであり、従来政治に関わりをもたなかった仏教僧がデモを主導した事実は、反体制的な気運の広がりを示している。

しかし、タン・シュエはデモを容赦なく弾圧した。治安部隊の発砲で多数が死傷したほか、数百人の僧侶が拘束され、どこかへ連れ去られた。このなかで、日本人ジャーナリスト長井健司が兵士によって至近距離から発砲される映像も世界に配信された。タン・シュエは「外国勢力によって扇動された暴徒を鎮圧した」と説明したが、死者の数を10名と発表するなど、映像から確認されるものとかけ離れている。

タン・シュエの弾圧にさらされてきたのは、民主化勢力だけでなく、少数民族も同様である。タン・シュエによる政権掌握以前から、ミャンマーでは人口の約70パーセントを占めるビルマ人による支配に抵抗する少数民族があった。そのなかには、カレン人やワ人など、民兵組織を結成して、政府と武力衝突に至るケースも珍しくなかった。

政権掌握後、タン・シュエはこれら少数民族の武装組織の多くと、相次いで停戦合意を結んだ。しかし、停戦を取り決めた後も、タン・シュエによる少数民族への攻撃は続いており、むしろエスカレートしている。2005年には、同国東部のジャングルにあるカレン人居住区で、ミャンマー軍によって村々が組織的に襲撃され、虐殺や集団レイプが相次ぎ、50万人以上が移住を強いられていると報告されている。

タン・シュエによる少数民族の迫害は、その土地を取り上げ、ビルマ人による支配を着実にする「ビルマ化」の一環といわれる。タン・シュエ自身もビルマ人である。これは国際社会からの関心が薄いものの、着実に進行している大量虐殺である。

天然ガス、ルビー、麻薬

2010年段階のミャンマーにおける一人当たりGDPは1100ドルで、これは経済成長が続く東南アジアにおけるワースト1位である。しかし、タン・シュエやその家族の生活ぶりは、極めて豊かである。

2006年、5人の娘のうちの一人の結婚式の様子がユーチューブ上にリークされた。ダイヤモンドで装飾されたウェディングドレスや贈り物の自動車や馬、さらに新居なども含め、結婚式にかかった費用は5000万ドルとも見積もられている。

このようなタン・シュエの資金源は、天然ガス、木材、宝石といった、ミャンマーの豊富な天然資源にある。このうち、天然ガスの輸出量は年間約85億立方メートルにのぼる。さらに、ルビーは世界シェアの約90パーセントを占める。

ミャンマーに対しては、人権侵害などを理由に欧米諸国が経済制裁を敷いているが、全ての国がこれに協力しているわけでない。CIAの統計資料では、2010年の最大貿易相手国はタイで、輸出総額の約47パーセントを占める。これに中国、インド、さらに日本が続く。

ところが、これら豊かな天然資源は、国民の生活改善にはほとんど役立てられていない。国営企業の経営は透明性が低く、汚職が蔓延している。

タン・シュエらによる天然資源の利益独占は、反体制派や少数民族の弾圧とも密接な関係をもつ。ルビーなどの採掘現場では、逮捕された政治犯らが強制的に労働させられていると報告されている。

一方で、欧米諸国と対立するタン・シュエは、近隣諸国との経済関係を緊密化させつつあり、中国向けの天然ガスパイプラインの建設計画もある。しかし、両国の国境付近である北部、東部は、カレン人などの居住地域でもある。したがって、少数民族に対する過酷な弾圧は、ミャンマー経済の生命線であるこの地域の重要性からも理解されよう。

天然資源に加えて、タン・シュエの資金源となっているといわれるのが、麻薬である。そして、これも少数民族の弾圧と無縁でない。

カレン人など、中国やタイと隣接する北部、東部地域に居住する少数民族の武装組織は、ミャンマー軍との戦闘の過程で、アヘンなど麻薬の製造、流通によって軍資金を得ていた。この地域を制圧することで、タン・シュエは麻薬ルートを乗っ取っているのである。国外への流通や販売には、娘の恋人で、ミャンマー指折りの実業家であるタイ・ザが関与しているといわれる。

国民にめったに姿を見せない理由

タン・シュエは１９３３年、イギリスの植民地統治下のミャンマー、当時のビルマに生まれた。１９５３年にビルマ士官学校を卒業し、陸軍歩兵部隊に配属される。

軍人としてのキャリアのなかで注目すべきは、1958年、新設されたばかりの心理戦大隊の中隊長に任命されたことである。ここでタン・シュエは、各地方における少数民族の反乱を鎮圧する勲功をあげたが、この過程で敵対勢力に対する心理戦に熟達していったものと考えられる。最終的に、1985年にビルマ国軍参謀次長に就任している。

当時、BSPP（ビルマ社会主義計画党）の一党制のもとにあったビルマでは、経済政策の失敗によって深刻なインフレが進行していた。東西冷戦が終結する前夜の1988年、国民の不満が高まるなかでBSPPは民主化を決定したが、総選挙が実施される前に、軍部がクーデタによって権力を掌握したのである。

このときタン・シュエは、軍部が設けたSLORC（国家法秩序回復評議会）の議長ソウ・マウンの片腕として政治の舞台に登場する。その後、ソウ・マウンが健康上の理由で引退すると、タン・シュエがSLORC議長、国防相、国軍最高司令官に就任し、軍事政権を率いることとなった。

権力掌握後、タン・シュエはクーデタ前に予定されていた総選挙の実施を決定したが、有権者の支持を集めたのは、独立の指導者アウン・サン将軍の娘であるアウン・サン・スー・チーが結成したNLD（国民民主連盟）だった。危機感を募らせたタン・シュエは、

1989年にアウン・サン・スー・チーを自宅に軟禁した。しかし、それでも翌1990年に実施された総選挙では、NLDが圧勝し、SLORCの翼賛政党NUP（国民統一党）は492議席中10議席にとどまった。

この選挙結果は、タン・シュエをさらに反民主的な手法に向かわせる。SLORCは選挙の結果を受けた議会開催を拒絶し、それ以来ミャンマーは軍事政権によって支配されることとなったのである。その後、1997年にSLORCはSPDC（国家平和開発評議会）に改組されたが、タン・シュエを最高権力者とする組織であることに、大きな変化はなかった。

タン・シュエは国民の前にめったに姿を見せない。暗殺を恐れているという説や、健康上の理由という説のほか、北朝鮮の金正日と同様、姿を見せないことによってカリスマ化を図っているという説もある。

いずれにせよ、その動静がほとんど伝えられないため、意思決定の過程も不透明である。2006年、首都がヤンゴンから同国中部のネーピードーに移されたが、その意図すら不明なままである。タン・シュエは霊媒師や占い師などの意見を参考にしているという説もあるが……。

民主化後の露骨な院政

タン・シュエに対して、欧米諸国は1990年代から、批判的な姿勢を崩していない。1989年にSLORCが国名をビルマからミャンマーに変えたことも、欧米諸国の多くは、国民の意思を反映していない軍事政権の一方的な変更として認めていない。

従来からあった欧米諸国からの批判が急激に高まったのは、先述した2007年の大規模なデモと、それに対する暴力的な鎮圧にあった。その映像が欧米諸国の世論に与えた影響は大きく、アメリカでルビーなどの原産国表示が法律で義務付けられるなど、経済制裁がさらに強化された。欧米諸国のみならず、通常は「身内」の問題に寛容なASEAN（東南アジア諸国連合）も、「嫌悪感」という強い言葉でデモ鎮圧を批判した。

これらが大きな外圧となったことは、想像に難くない。2008年2月、タン・シュエは突如として憲法改正のための国民投票の実施を発表したのである。新憲法の草案では、複数政党制に基づく二院制の議会制民主主義の採択が明記された。

ただし、この突然の民主化宣言は、タン・シュエが権力温存を図るためのものにすぎなかった。憲法草案では、両院議員の4分の1は国軍司令官によって任命されることとされていた。これは、軍による議会コントロールを容易にするものである。さらに、憲法草案には、外国人の配偶者をもつ者が大統領になれない規定も設けられた。これは亡き夫がイギリス国籍であるアウン・サン・スー・チーを狙い撃ちにした条項と考えられる。

さらに、憲法条項の内容をめぐる国民投票も、タン・シュエ主導で進められた。憲法条項に反発したＮＬＤ支持者らが国民投票ボイコット運動を起こしたものの、これは武力で鎮圧された。地方では、ＳＰＤＣが憲法草案そのものを周知させないで、住民に賛成票を投じるよう強制したという報告もある。

国民投票の結果、ＳＰＤＣが提示した憲法草案が圧倒的多数で支持された。これに基づき、２０１０年11月には総選挙が実施されたのである。

総選挙においても、国民投票と同様に、軍事政権による露骨な介入が行われた。外国のメディアや監視団は一切排除されただけでなく、アウン・サン・スー・チーの自宅軟禁は解除されなかった。ＮＬＤは選挙をボイコットし、２０１０年5月に解党を余儀なくされていた。さらに、ＳＰＤＣが組織したＵＳＤＰ（連邦連帯開発党）は、選挙管理委員会の開票作業が終わらないうちに、独自集計の結果として「8割の議席を確保した」と発表した。

これら露骨な選挙介入の一方で、タン・シュエ自身はこの選挙に立候補せず、２０１１

年3月にはUSDP党首で首相のテイン・セインが大統領に就任した。これにともない、SPDCが解散した。したがって、公式には軍事政権は消滅し、新たな文民政府に権限が移譲したことになる。

しかし、テイン・セインはSPDCでナンバー4の地位を占めていた元軍人であり、「上官の命令に逆らわないイエスマン」という評価が一般的である。実際、SPDC解散とほぼ同時に結成されたSSC（国家最高評議会）は、憲法にその規定がないにもかかわらず、そのメンバーはテイン・セインを含む新政府要人とSPDC元幹部で占められ、さらにその議長にはタン・シュエ自身が就任している。

そのため、2010年選挙を経てもなお、SSCが「影の政府」としての意思決定機関であることは明らかで、タン・シュエによって主導される軍事政権が事実上存続しているといえる。

当分、独裁体制には変化なし？

2010年の選挙の後も、ミャンマーではタン・シュエによる独裁が衰える気配は見受けられない。むしろ、憲法で明記されていないSSCが、実質的に意思決定しており、その不透明性はより高まったともいえる。

その一方で、２０１０年から複数のメディアが、ミャンマー政府が北朝鮮の支援のもとで、核兵器の開発を進めていると報じるようになった。この疑惑が確かなら、そこには欧米諸国からの干渉を、核武装によって拒絶するタン・シュエの意思を見出せる。ミャンマーと欧米諸国との確執は、より深まることが懸念されるのである。

タン・シュエによる支配の行方を左右する要素として、軍の存在をあげることができる。人口が約５３２２万人のミャンマーにあって、軍隊の規模は陸軍だけで35万人にのぼる。日本の陸上自衛隊が約15万人であることを鑑みれば、人口と比較してその人員の多さは際立っている。

これは反体制派や少数民族への弾圧を行う実行部隊を、数多く保有しているという意味にとどまらない。兵士の多さは、タン・シュエによる支配から恩恵を受けている人が、それだけ多いことを示している。

経済が停滞するミャンマーで、軍人になることは個人が物質的基盤を確保する、数少ない道の一つである。いきおい兵士はタン・シュエ体制の擁護者になりやすい。いわば、巨大な軍を抱えることは、タン・シュエにとって自らの支持者を増やすことに他ならないのである。

ただし、分不相応ともいえる巨大な軍を抱えるタン・シュエは、その維持に苦労しているはずだ。権力と経済力を国家に集中させる体制からも、なかなか転換できないでいる。言い換えれば、タン・シュエは軍によって支えられながら、逆にそれによって行動を制約されているのである。

したがって、民主化勢力の弾圧をはじめ、少数民族の迫害による北部、東部の「ビルマ化」や、麻薬販売網の運営、天然ガスや宝石の不透明な輸出といったこれまでの路線を、タン・シュエが大きく変更することは、少なくとも現段階において考えにくいのである。

アブドッラー・ビン・アブドルアジーズ

Abdullah bin Abdulaziz Al Saud

1924年4月1日生まれ

サウジアラビア王国／国王

王族内部の権力闘争に勝利した「アラブの王」

なぜ独裁体制が、国際的に非難されないのか

中東のサウジアラビアは、国王が絶対的な権力をもつ専制君主国家である。現在の国王は、アブドッラー・ビン・アブドルアジーズ・アール・サウード。アブドッラーは他の多くの章の「独裁者」と異なり、混乱のなかで権力を手にしたわけでない。いわば「正統な独裁者の家系」に生まれたのである。

サウジアラビアは世界最大の原油埋蔵量を誇り、世界最大の石油消費国アメリカをはじめ、欧米諸国はその大口顧客である。

そのため、サウジアラビアは冷戦時代から欧米諸国と良好な関係を維持してきており、アブドッラーが他の「独裁者」たちのように国際的な非難にさらされることは、比較的少ない。

しかし、アブドッラーのもつ権力は、他の「独裁者」に決して劣らない。アブドッラーは国王であると同時に首相をも兼ねており、大臣や州知事、軍司令官などのポストの任免権をもつ。これらの重要ポストのほとんどは、２万人以上といわれる王族に割り当てられている。

アブドッラーは行政権だけでなく、立法権もその一手に握っている。国民の意見を聞くために開かれる諮問評議会は、立法権をもつ議会ではなく、国王に要望を提案することしかできない。さらに、その１５０名のメンバーもアブドッラー自身によって任命される。

政治権力を独占する一方で、アブドッラーは世界でも指折りの資産家でもある。米誌『フォーブス』によると、アブドッラーの個人資産は２１０億ドルを上回るとみられ、世界で最も富裕な王族のうちの一人である。

その富の源は、サウジアラビアの石油にある。油田は原則的に、国営企業によって管理されており、原油収入は国庫に入る。専制君主国家サウジアラビアにおいて、これは原油収入の使途が、国王によってほとんど決定されることを意味する。

豊富な原油収入は、アブドッラーの個人資産を増やすだけでない。無償の公共サービスや租税の免除によって国民に還元され、国王の独裁を支える物質的基盤でもある。

さらに、豊富な石油収入を背景に、アブドッラーは世界的な慈善家としても知られる。2005年にハリケーン・カトリーナで被害を受けたニュー・オリンズ高校の再建に30万ドルを、2008年の四川大地震の際には復興資金5000万ドルと1000万ドル相当の救援物資を寄付している。さらに、中東やアフリカ諸国を中心に、学校、図書館、モスクなどの建設に資金を提供している。

これらの慈善活動も、極めて独裁的な政治体制であるにもかかわらず、サウジアラビアやアブドッラーを国際的な非難にさらされにくくしている一因といえよう。

36人の王位継承レースを勝ち抜いた男

権力と富を備えた「アラブの王様」のイメージを地で行くアブドッラーは、しかしサウード王家の主流にいたわけでない。

1932年にサウジアラビアを建国した初代国王アブドルアジーズ・イブン・サウード

には、一夫多妻制のもと、確認される範囲で89人の子どもがいた。このうち、王位継承権をもつ36人の息子の一人が、アブドッラーであった。

アブドルアジーズの息子たちのうち、王位継承レースで優位にあったのが、「スデイリ・セブン」と呼ばれた7人である。彼らの母親は、スデイリ一族の出身であった。スデイリ一族は、アブドルアジーズによる建国の際に拠点となり、その後サウジアラビアの首都リヤドが置かれることとなった、ナジュド地方の有力豪族である。第5代国王ファハドもその一人だが、アブドッラーはスデイリ・セブンではなかった。

ところが、やはりスデイリ・セブンでなかった第4代国王ハーリドは、1977年に当時SANG（サウジアラビア国家警備隊）司令長官だったアブドッラーに、第二副首相への就任を求めた。当時皇太子だったファハドらスデイリ・セブンは、その一人スルタンを第二副首相に推していたが、それに反する決定であった。そのため、スデイリ・セブンやそれに近い王子たちの間で、アブドッラーは第二副首相就任の代わりに、1963年以来務めてきたSANG司令長官を辞任するべきという声があがったのである。

SANGはサウジアラビア国軍と異なり、王族の警備のほか、メッカやメディナなど聖地や重要施設の防衛を行う、王家に直接忠誠を誓う武装組織である。2005年の段階で

7万5000人という人員数は、正規の陸軍とほぼ同規模である。さらに、アメリカやイギリスの軍事援助により、その装備や錬度は国軍を凌ぐともいわれる。

つまり、王家の軍事的守護者であるSANG司令長官のアブドッラーを第二副首相に起用したのは、ハーリドによるスデイリ・セブンへの牽制であった。司令長官を辞任するべきという意見に抵抗したアブドッラーは、SANGの軍事力を背景にスデイリ・セブンと対決姿勢を鮮明にしていったのである。

スデイリ・セブンと距離のある王子たちの支持を集めたことで、皇太子ファハドもアブドッラーの存在感を認めざるを得なくなった。その結果、1982年6月にハーリド死去にともなってファハドが国王に即位すると、アブドッラーは即日皇太子に即位し、同じ年に第一副首相に就任している。そして1995年、ファハドが脳卒中で倒れると、アブドッラーは摂政として政治の実権を握り、さらに2005年8月のファハドの死去にともない、名実ともに最高権力者となったのである。

イスラームは支配の道具

アブドッラーの支配は、その血筋や石油収入、軍事力だけでなく、イスラームによっても支えられてきた。

もともと、サウジアラビアの起源は、18世紀にアラビア半島で起こった、ワッハーブ派によるイスラームの復興運動にある。ワッハーブ派を起こしたシェイフ家に協力して、サウジアラビアを建国したのが、初代国王アブドルアジーズであった。

サウード家はシェイフ家と通婚を重ね、さらに歴代政府は3閣僚のポストを提供して優遇した。しかし、石油収入で豊かになり始めた1970年代頃からは、シェイフ家の宗教的権威を形骸化させる手法が目立ち始める。これをさらに推し進めたのが、アブドッラーだった。

その象徴が、最高ウラマー会議である。ウラマーとはイスラームの聖職者であるイスラーム法学者を指す。最高ウラマー会議は、1971年に当時の国王ファイサルによって設置され、政府の決定がイスラームの価値に適《かな》うかの解釈（ファトワー）を発することを任務とする。

ファトワーによって自らの支配の正当性を強調する手法は、イスラーム諸国において珍しくないが、サウード家のそれは露骨であった。設置された最高ウラマー会議のメンバー17人のうち、シェイフ家出身者は1人だけだった。これにより、最高ウラマー会議は国王の支配を、イスラーム的用語で正当化する機関となったのである。

1999年、皇太子だったアブドッラーは、シェイフ家出身のウラマー、アブドルアジーズ師を最高ウラマー会議議長に就任させた。これは一見シェイフ家に対する優遇措置ともみえたが、実際には単なる権威付けとしての側面が大きかった。

ワッハーブ派を厳格に信仰するアブドルアジーズ師は、2001年に「動物が進化することはイスラームの教えに反する」という理由により、日本アニメ「ポケットモンスター」のテレビ放映禁止のファトワーを出したことで知られる。アブドッラーは表面上このファトワーに従っているが、数年後に民間テレビ局がポケモン放送を再開した際、これを黙認している。

その一方で、アブドッラーは、アブドルアジーズ師ら厳格なワッハーブ派指導者を押さえ込んできた。2009年に、それまでワッハーブ派ウラマーによって独占されていた最高ウラマー会議に、それ以外の宗派の指導者を多数登用した。これは、ワッハーブ派の宗教的影響力を制限するものである。

さらに2010年8月、アブドッラーはファトワーを出せるウラマーを最高ウラマー会議メンバーに限るという勅令を発している。そこからは、宗教的権威をさらに最高ウラマー会議に集中させ、アブドッラーの権威を強める意図をうかがうことができる。

イスラームと欧米の狭間で

メッカとメディナという「二聖都の守護者」を自認するアブドッラーは、一面においてイスラーム世界の盟主とも呼べる。その一方で、アブドッラー以前から、サウジアラビアは欧米諸国と良好な関係を維持してきた。アブドッラーは、イスラームと欧米という二つの世界の狭間で、微妙な立場に立つことを迫られてきたのである。

特に、2001年のアメリカ同時多発テロ事件後は、欧米諸国から批判されることが珍しくなくなった。同国の財閥出身者ウサマ・ビンラディンに、サウジアラビア政府から資金が流れていたことが発覚したほか、欧米諸国でイスラームそのものを忌避する世論が高まったことが、これに拍車をかけた。

これに対してアブドッラーは、批判の対象となってきた人権問題や法制度の改革に取り組む姿勢をアピールしてきた。2004年に国内の人権侵害を監視する「全国人権協会」が設立されたほか、2009年の司法制度改革によって、先進国と同様の三審制が導入されたことは、その典型である。

さらに２００９年には、宗教警察とも呼べる「勧善懲悪委員会」の人事異動が注目を浴びた。勧善懲悪委員会はイスラームの教義に合わない行為や言動の取り締まりを目的とする。欧米文化の流入によってその活動は活発化し、近年ではインターネットサイトの検閲、ペット飼育の規制、アルコール類を販売する業者の摘発、場合によっては暴行を加えるなどする組織として、欧米諸国では「人権侵害組織」として悪名高い。

２００９年2月、その責任者であったシャイフ・イブラヒム・ビン・アブダラ・アルガイスが解任された。その直前、シャイフは「ムスリムに相応《ふさわ》しくない」映像を観ることができるとして、衛星テレビの所有者を死刑にすることもあり得ると発言していた。その解任は、イスラームの過激化を抑制するための改革の一環といえよう。

この他、アブドッラーは国際社会において、欧米諸国とイスラーム世界をつなぐ役割を担いつつある。２００２年にイスラエルとパレスチナの双方に対して和平提案を行ったほか、２００８年にはイスラームのほか、キリスト教、仏教、ヒンズー教などの指導者を招いた宗教会議を、スペインで開催している。

このように、専制君主アブドッラーは、「テロとの戦い」という国際環境の変化を背景に、政治の近代化を自ら進めてきたのである。

ワッハーブ派への懐柔

とはいえ、ワッハーブ派の影響力を縮小し、欧米諸国との良好な関係をひたすら維持することは、イスラーム国家の国王たる自らの支配を脅かす要素を孕んでいる。

なかでも、1991年の湾岸戦争で、イラクの軍事的脅威に備えるために米軍の駐留を認めたことは、国内の過激なイスラーム主義者からの批判にさらされる契機となった。官庁や政府要人に対するテロ活動が頻発し、後に国際テロ組織アル・カイダを率いるウサマ・ビンラディンも、サウジアラビア政府から要注意人物とみなされ、出国禁止の処分を受けている。

テロ活動にまで至らなくても、欧米諸国との距離が近くなりすぎると、厳格なワッハーブ派の王室離れを加速させることになりかねない。アブドッラーには、王権の絶対性を確保するために、イスラーム体制を急激に転換させることはできないというジレンマがある。

そのため、アブドッラーは一連の政治改革に着手しながらも、イスラームの教義に基づく人権侵害や、ワッハーブ派の優位を保つための弾圧には、黙して語らない。

就職や結婚などに関する女性の社会的権利が制限されているサウジアラビアは、世界で唯一、女性が自動車の運転を禁じられている国でもある。これに加えて、イスラームに基づいて、同性愛者が死刑の対象になるなど、性的マイノリティの基本的人権が日常的に制限されている。

また、国教であるワッハーブ派以外の宗派を信仰する者は、ムスリムといえども二級市民の扱いを受けることとなる。2000年には、隣国イエメンとの国境付近ナジラン州で、少数派であるイスマーイール派の宗教指導者が「魔術を行った」容疑で逮捕され、これに抗議するデモ隊を武力で鎮圧した。国際人権団体は、このとき軍隊によって逮捕されたイスマーイール派信者が数百名にのぼり、その多くが秘密裏に進められた裁判で裁かれたと批判する。さらに、ナジラン州政府から約400名の公務員がイスマーイール派であることを理由に追放されたともいわれる。

もちろん、これらの人権侵害や反体制派の弾圧は、イスラーム体制に基づくものであり、アブドッラー自身が全てを指示しているわけではない。しかし、立法、行政、軍事力を統括するアブドッラーの承認がなければ、これらが行われることはない。

露骨にワッハーブ派を排除して宗教的権威を弱め、さらに欧米諸国と良好な関係を保つ一方で、アブドッラーは社会的不満が暴発しない範囲で、女性やマイノリティに対する人権侵害をむしろ容認している。2007年10月、ロンドンを訪れたアブドッラーが、人権団体から「殺人者」や「拷問者」などと罵声を浴びたが、故《ゆえ》ないことではないのである。

世界で最も高齢な独裁者

1924年生まれのアブドッラーは、世界で最も高齢な「独裁者」の一人である。必然的に、この数年、後継者の問題が取り沙汰されている。

現在の皇太子は、1977年に第二副首相の座をめぐって争った、スデイリ・セブンの一人スルタンである。そして、その次の皇太子には、やはりスデイリ・セブンのナイェフが有力視されている。アブドッラーによるこの方針は、王家内部の派閥争いを反映して、スデイリ・セブンに譲歩した結果とみられる。

しかし、アブドッラーは自らの権力基盤を直系子孫に譲る方策を既に示している。国王に即位した2005年、それまで二人体制だった副首相を一元化し、このポストはスルタンのみに当てられた。その翌2006年10月、今度は国王や皇太子に不測の事態が発生し、職務不能になった場合に、次期継承者を選出できる「忠誠委員会」を設立した。

従来、皇太子の選出は王家内部の権力闘争によって決まる、ブラックボックス化されたものであった。初代国王アブドルアジーズの息子と孫によって構成される忠誠委員会は、王位継承の制度化を図るものである。

とはいえ、忠誠委員会メンバーの人選は国王の勅令によるものであり、34人のメンバーのうち15名はアブドッラーの息子である。秘密投票が原則であることから、これはスデイリ・セブンの影響力を抑制するためという見方が大勢を占めている。

忠誠委員会の権能は、現皇太子スルタンには適用されず、その国王即位の後に開始されることになっている。ただし、スルタンは1928年生まれで、アブドッラーより4歳若いだけである。仮にアブドッラーより先にスルタンが死亡した場合、慣例ではナイェフが皇太子となることになるが、忠誠委員会の設立により、それが自動的に行われない可能性が大きくなったのである。

その一方、アブドッラーが2010年11月、1963年から務めてきたSANG司令長官のポストを、息子である王子ムタイブに譲ったことが明らかになった。アブドッラーの権力基盤であり続けたSANGを、実の息子に譲ったこともまた、最大のライバルであるスデイリ・セブンに対する牽制といえよう。

世界最大の独裁者は、静かなる、たたき上げの男

胡錦濤
Hu Jintao

1942年12月21日生まれ

中華人民共和国／国家主席

「世界で最も影響力のある人間」ランキング1位

米誌『フォーブス』は、2010年の「世界で最も影響力のある人間」ランキングで、バラク・オバマ大統領を抑えて、中国の胡錦濤国家主席を1位に選んだ。2010年に日本を抜いてGDP世界第2位となった中国は、いまや名実ともに大国であり、その最高指導者である胡錦濤は、いわば世界最大の「独裁者」といってよい。

胡錦濤の肩書きのうち、重要なのは党中央委員会総書記、中華人民共和国国家主席、党中央軍事委員会主席の三職である。つまり、共産党、国家、軍を支配しているのである。

中国歴代の最高指導者のうち、この三つの肩書きを同時にもったのは、胡錦濤を除けば、毛沢東と江沢民だけである。

しかし、胡錦濤は、前任の江沢民と異なり、一対一のインタビューなどには答えたことがない。したがって、その人柄については不明な点が多いが、かつての同僚などの証言によると、物静かで、腰が低く、周囲に気を配るのを忘れないタイプだという。この証言を裏付けるのが、軋轢《あつれき》や摩擦をできるだけ回避しようとする胡錦濤の方針である。

その典型は、国内問題への対応である。胡錦濤が国家主席に就任した2003年頃から、中国では1980年代からの改革・開放後の弊害が、明らかになってきていた。UNDP（国連開発計画）の統計では、中国のジニ係数は46・9（2004年）で、先進国のなかで格差が大きいアメリカの40・8（2000年）を上回る。

農村と都市の貧富の格差や、官僚の汚職に対する不満から、各地でデモや暴動が頻発するようになっていた2004年、胡錦濤は「和諧《わかい》社会」をスローガンに掲げた。これらの社会問題を改善し、調和の取れた社会を目指すというのである。

この実現に向けて、胡錦濤と温家宝首相は、沿岸部に集中していた産業の内陸部への進出奨励や、農村部における健康保険制度の普及などの政策を推し進めた。また、農民の移動を制限していた戸籍制度が、部分的ながら廃止されている。これらは総じて、経済成長の恩恵から取り残されてきた地域や階層に対する、所得の再分配を意味する。

これらの施策は、２０１１年７月段階でいまだ大きな成果をあげているとはいえない。しかし、少なくとも経済成長一辺倒だった江沢民と異なり、社会的な不満の増加に対して、胡錦濤には再分配を通じて社会の調和を図る姿勢を見出すことができる。これは既存の政治秩序を脅かさないようにするための、いわば「アメ」であるといえよう。

安定した社会のための「アメとムチ」

ただし、その一方で胡錦濤は、共産党支配を継続させるための「ムチ」も忘れない。その典型は、少数民族支配の強化である。

北京オリンピックの開催を目前に控えた２００８年３月、チベット自治区で大規模なデモと暴動が発生した。漢人や共産党による支配や、民族間の所得格差などに対する不満の暴発は、やはり少数民族が多い新疆《しんきょう》ウイグル自治区や四川省にも飛び火した。

このとき、胡錦濤は、欧米諸国から人権侵害の批判を浴びながらも武装警察を投入し、各地でデモ隊を鎮圧している。これが欧米諸国からさらなる批判を招き、聖火リレーが世界各地で妨害される事態に陥ったことは、記憶に新しい。

デモ隊の側には、オリンピック開催を控えた時期だから、中国政府も厳しい弾圧は控えるだろうという目算があったという指摘もある。しかし、結果的に武装警察の鎮圧によるこの暴動の死者は、チベット側の発表で140名以上（中国側の発表では22名）にのぼった。また、中国政府の発表で、953人が逮捕された。

胡錦濤とチベットの因縁は、その20年前にさかのぼる。1988年から4年間、チベット自治区委員会書記を務めていた胡錦濤は、当時発生したチベット人のデモに対して、中国で初めて戒厳令を敷き、徹底的に鎮圧した。

1989年1月には、亡命中のダライ・ラマ14世に代わってチベット人社会の精神的支柱であったパンチェン・ラマ10世が、中国政府を批判する演説を行った5日後の深夜、心筋梗塞で死亡している。その不審な死に、チベットでは胡錦濤の関与を疑う声が根強い。さらに一連の鎮圧の手際のよさが、当時の最高権力者、鄧小平の目に留まり、胡錦濤のその後の栄達の道が開けたともいわれる。

このような来歴もあり、チベット亡命政府に好意的な欧米諸国から、胡錦濤は「人権を尊重しない独裁者」とみなされている。しかし、胡錦濤は「内政問題」としてこれを押し切っている。

エンジニアから政治家への転身

地縁や血縁を重視する中国社会では、家門が出世を大きく左右する。しかし、胡錦濤は軋轢を回避しながら、組織維持のためには強硬な手段も辞さない、いわば「たたき上げ」の「独裁者」である。

胡錦濤は1942年、上海に生まれ、江蘇省で育った。両親は小学校の教員で、生活が苦しかったことから茶の販売もしていた。物静かな子どもで、一人で本を読むのを好んだという。飛び級で小学校などを終え、1959年には中国随一の名門である清華大学に入学し、水力発電を専攻する。

在学中に共産党に入党し、大学内部での思想教育を担当する政治指導員となった。少なくとも青年時代から、政治への関心をもっていたのである。

しかし、その後の文化大革命で政治指導員たちは、「学問の自由」を守ろうとする大学当局に協力したとして、批判の対象となった。また、知識人（教員）で小規模ながら経営者でもあった父親は、やはり文化大革命で告発されている。その頃から、胡錦濤は政治に積極的に関わらなくなったといわれる。

ところが、1974年に、甘粛省でエンジニアとして働いていた胡錦濤に転機が訪れる。ダム建設現場に視察に来た、甘粛省建設委員会の副主任で、共産党の古参幹部でもある張延青によって、秘書としてスカウトされたのである。これを機に胡錦濤は、一度は放棄した政治の道へ戻ることとなる。

甘粛省建設委員会で同省のインフラ整備などに関わり、その過程で胡耀邦や宋平ら共産党幹部の知遇を得て、その推薦によって1980年には共青団（共産主義青年団）の甘粛省委員会書記に就任した。翌1981年には、若手幹部を登用しようとしていた当時の最高権力者、鄧小平の指示によって、共産党中央党校で高級幹部となるための訓練を受けている。そして1992年、国家主席や国務院総理（首相）がメンバーの、事実上中国の最高意思決定機関である党中央政治局の常務委員に、49歳という異例の若さで就任したのである。

この過程で、先述のように1980年代末のデモ鎮圧の手腕を、党の長老たちに高く評価されたという説もある。いずれにせよ、胡錦濤は甘粛省やチベット自治区などの貧しい地域を渡り歩き、最終的に鄧小平によってポスト江沢民の座を約束されたのである。

これに従い、2002年から段階的に、中央委員会総書記（2002年）、国家主席（2003年）、人民解放軍のトップである中央軍事委員会主席（2004年）の座を江沢民より継承した。これにより、周囲に気を配り、目立たないように振る舞ってきた胡錦濤が、いよいよ最高権力者に登り詰めることとなったのである。

中国を脅かす者は味方でも許さない

胡錦濤率いる中国政府が、ジンバブエのムガベやスーダンのバシール、さらに北朝鮮の金正日といった「独裁者」たちを、欧米諸国の制裁から保護してきたことは、これまでに述べた通りである。これは人権より国家主権を重視するという、歴代の中国政府の立場を踏襲したものである。

ただし、胡錦濤は「独裁者クラブ」の盟主として、「独裁者」を保護しながらも、これらが中国の利益を脅かすと判断される場合には切り捨てる。北京オリンピックを控えた時期に、ダルフール地方への国連ＰＫＯの受け入れをバシールに呑ませたことや、朝鮮半島の非核化という約束を反故にしようとする金正日に経済援助しなかったのは、この例である。

ときには他の「独裁者」を切り捨てることには、二つの意味がある。一つは、「状況次第で関係を見直す」というスタンスを強く打ち出すことで、他の「独裁者」に対する影響力が大きくなる。もう一つは、「売り時」を見計らって「独裁者」への保護を止めることで、これらに批判的な欧米諸国に対する中国の存在感を高めることができる。

いずれにせよ、ときには他の「独裁者」を切り捨てることで、胡錦濤は欧米諸国との決定的対決を回避してきた。中国経済にとって貿易は不可欠で、欧米諸国もまたその顧客なのである。ここに胡錦濤の、イデオロギー色が薄く、実利を優先させた鄧小平の影響を見出すことができる。

江沢民の時代に、歴史教科書問題などで極度に悪化した対日関係においても、基本的には対立を避けつつ、重要な権益に関しては譲らないという、硬軟織り交ぜた態度を示している。２００８年に訪日したときには、従来の中国指導者と異なり、日本の国連安全保障理事会常任理事国入りを容認する発言をしている。その一方で、日中間の懸案の一つである東シナ海のガス田開発については、中国の海域であるという従来の主張を崩していない。

日本を含めた先進国と、距離をとりつつ実利を確保する一方で、胡錦濤はアジア、アフリカ、中東、中南米の各国との協力関係を強化している。なかでも、歴代中国政府の弱点の一つであった中南米への進出は著しく、２００８年には中国史上はじめて、国連ＰＫＯ部隊をハイチに派遣している。そこには資源確保などの経済的理由だけでなく、「世界最大の開発途上国」としての発言力を担保するという政治的意図も見て取れる。

最大の敵・太子党

北朝鮮と異なり、中国では最高権力者の世襲は認められていない。しかし、人脈を重視する中国では、党や政府の要職に就いた者の親族が、軍やビジネス界の重要ポストに就くことが珍しくない。このようなグループは「太子党」と呼ばれる。太子党とはいわば党、ビジネス界、軍を横断する、既得権益層のインフォーマルな人的ネットワークであり、特定のイデオロギーに基づく集団ではない。

太子党のうち、最大の勢力を誇るのは「上海閥」と呼ばれる一派である。上海市党委員会書記などを歴任した江沢民は、最高権力者となるや、上海時代の部下である呉邦国らを中央政治局常務委員に抜擢した。

上海閥は改革・開放の恩恵を最も受けた上海に根を張る派閥である。これに対して、胡錦濤は甘粛省やチベットといった貧しい地域と縁が深い。とはいえ、胡錦濤と江沢民、あるいは上海閥は、共産党支配のもとでの市場経済という路線で共通しており、両者の間に大きなイデオロギー対立はない。

しかし、国家主席を引退した後も、江沢民は上海閥を通じて政治的影響力を発揮しており、共青団出身でたたき上げの胡錦濤は、ことあるごとにその勢力を弱めようとしてきた。

江沢民が政治の表舞台から完全に姿を消した2005年1月、胡錦濤は中央規律検査委員会で汚職の撲滅を掲げた。これによって2006年3月までに、4万1447人の国家公務員が汚職容疑で立件された。収賄額10万元（約147万円）以上、横領額100万元以上の事件での立件は8490人で、そのうち閣僚級が8人、局長級が196人にのぼった。

このキャンペーンは、中国社会に蔓延する汚職体質を白日の下にさらしたが、そこには上海閥の追い落としを図る胡錦濤の意思をうかがうことができる。その象徴は、2006年9月に、上海市党委員会書記の陳良宇が社会保険基金の不正使用の嫌疑により、役職を全て解任されたうえ、逮捕された事件である。陳良宇は、江沢民の推薦で上海市長などを歴任した上海閥で、ビジネス都市上海の事実上の最高権力者であった。このとき、事情聴取を受けた市幹部は100人以上にのぼったと伝えられる。

これらの追い落としと、江沢民の健康悪化により、その勢力は一時より衰退した。ただし、2008年の全人代では共青団系の李克強ではなく、上海閥の習近平が国家副主席に選出されたうえ、2011年8月現在の中央政治局常務委員9名のうち、6名までが上海閥に属する。したがって、衰えたとはいえ上海閥がもつ影響力は、いまだ大きく、胡錦濤にとって最大の政敵であることに変わりはないのである。

2014年からは、習近平へ移譲？

世界最大の「独裁者」である胡錦濤の権力は、しかし無限に続くものではない。

改革・開放を推し進めた鄧小平は、毛沢東後に中国政治が混乱を極めた経験を踏まえ、彼自身の政策路線を継続させるため、権力の安定的な継承を図った。この目的のもと、鄧小平は引退するまでに、自らの後継者（江沢民）と、その後継者（胡錦濤）を決定したのである。

さらに、鄧小平は1982年の憲法改正によって、国家主席などの要職に定年制を導入した。これにより、かつての毛沢東のように一生涯権力を独占することは制度上不可能となったのである。江沢民から胡錦濤への権力移譲は、この制度にのっとったものであった。

このとき、江沢民が自らの後継者を決定できなかったことが、その後の胡錦濤との微妙な確執を助長したと考えられる。いずれにせよ、「独裁者」でありながら任期が設けられているのであり、この点で現在の中国は他のほとんどの独裁国家と異なる。

胡錦濤の任期は党中央委員会総書記が２０１２年、国家主席が２０１３年、党中央軍事委員会主席が２０１４年までとなっている。そして、先述のように２００８年に国家副主席に就任した習近平が、その後任となることは、ほぼ確実とみられている。

しかし、その引退によって胡錦濤の影響力がすぐさま低下するとは考えにくい。太子党と同様に、「たたき上げ」である共青団系の幹部たちも、自らの血縁者を軍や企業の要職に配置するようになっている。胡錦濤の息子である胡海峰も、清華大学系列の大手スキャナー会社の社長であり、この会社は中国で90パーセントのシェアをもつ。

すなわち、胡錦濤による支配の下で、共青団系列の幹部たちもまた、政・財・軍の各界にその血縁者のネットワークを張り巡らしつつあり、その中核に位置する胡錦濤の影響力は、江沢民と同等のものとなり得るのである。胡錦濤後の中国では、イデオロギー的な差異よりもむしろ、太子党と「第二の太子党」となった共青団系の間の、人的な派閥に基づく権力闘争と政策の変動が続くと考えられる。

アリー・ハメネイ

Seyyed Ali Hosseini Khamenei
1939年7月15日生まれ

大統領を上回る権力をもつ「聖職者」

イラン・イスラム共和国／最高指導者

法衣をまとった「独裁者」

イランの最高指導者セイエド・アリー・ハメネイ師は、本書で取り上げる「独裁者」のうち、唯一の聖職者である。ハメネイはイスラームの少数派であるシーア派の、さらにその一派である12イマーム派の高位のウラマー（イスラーム法学者）なのである。

1979年のイスラーム革命で、イランは帝政から共和制に移行した。しかし、革命を主導したルーホッラー・ホメイニ師は、「ウラマーによる統治」を憲法の理念として盛り込んだ。高位ウラマーのなかから選び出される最高指導者は、ファトワー（法解釈）を通じて、世俗の公権力を導く者とされる。

第2代最高指導者ハメネイの権力は、選挙で選出された大統領や議会を凌ぐ。日常的に政策を決定することはないが、政府の決定、議会の法案、さらに裁判所の判決などは、ハメネイがイスラームの観点からみて問題ないと判断して、初めてその効果をもつ。

逆に、イスラームの教えに反するとハメネイが判断した場合、それらは無効となる。2000年、当時審議中だった、メディアに対する規制緩和の法案に対して、「噂を広めたり、他人を誹謗したりすることを禁じている現在の法律は、イスラームの敵（厳格なイスラーム体制に批判的な欧米的リベラリストを主に指すと考えられる）によってメディアが乗っ取られるのを防いでいる」とする書簡を議会に送った。これにより、法案審議そのものが停止したのである。

ハメネイが出したファトワーは数知れず、それは生活の隅々まで、イラン国民を拘束している。2007年にハメネイは、開放的になりつつあった女性の服装を厳しく取り締まるべきというファトワーを出した。これにより、首都テヘランでは3ヵ月で6万2785人の女性が警官に止められ、1837人が逮捕されている。

ハメネイは、独自の軍事力をも備えている。革命後のイランでは、帝政に近かった軍に対する抑止力として、「革命防衛隊」が結成された。2010年現在、正規軍の将兵が約54万人であるのに対して、革命防衛隊の人員は約12万人にのぼる。イスラーム体制の守護者である革命防衛隊は、ハメネイの主たる支持基盤でもある。

さらに、革命防衛隊はその傘下に、イラン・イラク戦争（1980～1988年）中に結成された民兵組織「バスィージ」を置く。バスィージは予備役も含めると1000万人以上の義勇兵の集団であり、その司令官はハメネイの次男、モジタバ・ハメネイである。

宗教的権威が不足？

しかし、本来ハメネイには、最高指導者の座に就く権利はなかった。

ハメネイは1939年にイラン東部のマシュハドに生まれた。中学校卒業後、マシュハドで神学を学び、1958年にナジャフの神学校、さらに、コムの神学校に移り、ここでホメイニのもとでイスラーム法学を学んだ。

ホメイニ主導のイスラーム革命を支えたハメネイは、革命議会議員や国防次官などを務めた後、1981年の大統領選挙に出馬し、95パーセント以上の得票率を得て当選する。

ハメネイが大統領を務めた1981年から1989年のイランは、そのほとんどの期間、イラクと戦争中だった。ハメネイは人員不足に悩んでいた正規軍を補完するため、革命防衛隊やバスィージを増強し、これらとの関係を深めていった。

イラン・イラク戦争終結の翌1989年6月、最高指導者ホメイニが老衰で死亡した。ホメイニは、もともとホセイン・アリ・モンタゼリ師を後継者に指名していた。しかし、モンタゼリはホメイニによる人権侵害などを批判したため、1989年3月に全ての役職を解かれ、失脚していた。そのため、ホメイニが死亡する直前、イラン首脳部は後継者を急遽、選定しなければならなかったのである。

このなかで、革命の理念にあくまで忠実であろうとする保守強硬派ウラマーの団体「闘う法学者協会」と、イスラーム体制の護持を前提に、アメリカとの関係改善など現実的な方針を目指す保守穏健派の大統領ハーシェミー・ラフサンジャニとの間で妥協案として浮上したのが、ハメネイであった。

イラン・イラク戦争を指導したとはいえ、若い頃から革命と政治に専心してきたハメネイは、聖職者としての修行が不足しがちで、この段階でウラマーの階層としては上から三番目のホッジャトル・エスラームにとどまっていた。ウラマーの最高位である大アーヤトッラーであったホメイニに比べると、ハメネイには宗教的権威が不足していたのである。

しかし、それは逆に、保守強硬派ウラマーにとっては「かつぎやすい神輿」であることを意味した。一方、ラフサンジャニにしてみればホメイニの高弟という点でハメネイとは共通項があり、協力を期待できる立場にあった。両者の利害が一致した結果、憲法が急遽改正され、最高指導者の条件から大アーヤトッラーが削除されたのである。

この憲法改正は、国民投票による承認を経ないまま、既成事実化された。高位ウラマーで構成され、最高指導者を決定する権限をもつ「専門家会議」は、ホメイニが死亡した翌6月4日にハメネイを選出した。いわば、政治的な妥協によって、イスラーム体制の原則からはかけ離れた最高指導者が誕生することとなったのである。

保守強硬派への配慮

大統領時代のハメネイは、後退したイラク軍を敵国領内まで追撃することを命じたホメイニに反対したように、現実的な判断を旨とした。しかし、最高指導者としてのハメネイの権威は、革命の指導者で大アーヤトッラーだったホメイニよりも劣る。

ホメイニは特定の勢力に味方せず、その圧倒的な権威によって全体のバランスを保ったが、宗教的権威が不足するハメネイは、発言力の大きい保守強硬派ウラマーに配慮せざるを得ない。つまり、ハメネイのファトワーが、ホメイニよりも保守的になっても、不思議ではないのである。

一例をあげよう。厳格なイスラーム主義の立場をとったホメイニですら、宗教的道徳に反しない限りという前提付きで、1988年に楽器の使用を解禁した。しかし、ハメネイは音楽が青少年の精神を堕落させるというファトワーを1996年に出したほか、2002年には文部大臣が音楽を演奏したりする大学生を放置していると不満を表明している。これはパソコンの普及などで海外文化が流入しやすくなった時代背景だけでなく、宗教的権威の低さゆえに、保守強硬派の歓心を買うようなファトワーを出さざるを得ないハメネイの立場をも示している。

国際的な関心を集めた、2009年6月の大統領選挙をめぐる混乱に対するハメネイの姿勢も、同様である。この大統領選挙において、保守強硬派のマフムード・アフマディネジャード大統領が再選されると、言論の自由を求める改革派ミール・ホセイン・ムサヴィ元首相の陣営から、「不正投票」の批判が噴出した。

核やミサイル開発を進めるアフマディネジャードの敵対的な外交政策は、欧米諸国との貿易や投資を収縮させ、経済状況の悪化を招いた。これに不満を抱く若年層を中心とするムサヴィ支持者らが、選挙結果の不正を訴え、首都テヘランなどで数十万人規模のデモを展開したのである。このデモは革命後最大規模のもので、治安部隊の鎮圧で170名以上が死亡し、100名以上が逮捕された。

ただし、組織的な不正があったという批判がある一方、ムサヴィ支持者がいわゆる「無党派」で、保守強硬派の組織力の前に屈した順当な結果という見方もあり、選挙の結果そのものについての判断は難しい。

いずれにしても、ハメネイは、直後の金曜礼拝で選挙の正当性を強調し、デモの収束を呼びかけた。これは結果的に、ハメネイがムサヴィよりアフマディネジャードについたことを意味する。

改革派との距離感

しかし、ハメネイは常に保守強硬派と歩調を合わせてきたわけではない。2005年に出した核兵器の開発、保有、使用がイスラームに反するというファトワーは、同年の大統領選挙で初当選したアフマディネジャードの手綱を締めるものだった。

いわば、ハメネイはイラン国内や国際社会の世論に合わせて保守強硬派との距離を保ってきたのであり、場合によっては改革派を暗に支援することもある。高い失業率などの社会不満を背景に、若年層や女性の支持を集めて1997年に大統領に選出された、改革派のモハンマド・ハタミとの関係は、これを示すものである。

1979年のイスラーム革命の際、皇帝の亡命を受け入れたアメリカに反発する暴徒によって、アメリカ大使館が占拠された。この「アメリカ大使館人質事件」を契機に、両国の関係は一気に冷え込んだ。ハタミは西欧諸国をイラン大統領として初めて訪問したほか、1988年にイギリスで出版された『悪魔の詩』の作者サルマーン・ルシュディーに対してホメイニが出していた死刑執行のファトワーを実施する意思がないとの立場を表明するなど、長く続いた欧米諸国との関係悪化の改善に努めた。「文明間の対話」を掲げ、欧米諸国との関係改善を図ったハタミに対しては、保守強硬派ウラマーの間から不満の声もあがったが、ハメネイはこれを静観し、むしろ部分的に歩調を揃えた。

2002年8月、「ムスリムは聖職者に盲目的に従うのではなく、自ら判断すべき」と主張したイランの歴史学者ハシェム・アガジャリが「反イスラーム的」とみなされて逮捕された。11月、アガジャリに死刑判決が下ると、大学生を中心に広範なデモが発生した。さらにハタミや、かつてホメイニの後継者と目された大アーヤトッラーのモンタゼリからも批判が相次ぐと、ハメネイは死刑判決を見直すファトワーを出したのである。

前年のアメリカ同時多発テロ事件を受けて、その年の初めにイランは、アメリカのジョージ・ブッシュ大統領（当時）からイラク、北朝鮮とともに、「悪の枢軸」と名指しされていた。また、西欧諸国で関心が高い言論の自由や死刑廃止問題とも絡んで、アガジャリ事件は国際的に注目されていた。これらを鑑みれば、ハメネイによる死刑見直しのファトワーは、抗議デモに対する配慮と同時に、当時ハタミが進めていた欧米諸国との関係改善に対する側面支援の意味があったと考えられる。

ただし、ハメネイはハタミに全面的に協力したわけではない。ハタミは革命裁判所など政治犯を取り締まる機関を抱え、イスラーム体制への言論を封殺する保守強硬派の牙城となっている司法府の改革を目指したが、ハメネイはこれを認めなかった。つまり、ハメネイは周囲の環境によっては改革派の支援にも回るが、保守強硬派の基盤を損なう改革には消極的であるといえよう。

保守強硬派の凋落

以上にみてきたように、言論の自由などを求め、イスラーム体制の拘束力を弱めようとする改革派と同様に、欧米諸国との全面対決に突き進んで、イラン全体を危機にさらす可能性が大きい保守強硬派もまた、ハメネイにとっては管理すべき対象なのである。

国民の生活全般に関するイスラーム化を強化し、司法改革を拒絶する一方で、核開発を拒絶し、ウラマーの権威を否定しかねないアガジャリを救うのは、一貫性を欠いたものと映る。しかし、見方を変えれば、常にバランスを保とうとするハメネイの意思の表れと理解できる。

バランスの維持を図る際、ハメネイは国際世論だけでなく、国内世論も考慮に入れてきた。改革の気運が高まった2000年代の初頭に、国民の圧倒的支持を受けたハタミに一定の譲歩を示したのは、その証左である。つまり、最高指導者ハメネイといえども、イラン国民の希望や意思を無視はできないのである。

近年は、失業率やインフレ率が高まり、国民の不満が蓄積している。2007年にはハメネイが所有する新聞が、アフマディネジャードによる核開発は経済運営の失敗を覆い隠し、国民の関心を欧米諸国との対決に振り向けようとするものであると強く非難した。

アフマディネジャードはイスラームを厳格に解釈するウラマーたちから支持されている。なかでもアーヤトッラーのモハンマド・ヤズディーは、大統領を罷免する権限をもつハメネイから、アフマディネジャードを保護する防波堤となってきた。

しかし、2006年12月に実施された専門家会議選挙では、元大統領のラフサンジャニをはじめ、保守穏健派と目される高位ウラマーが86名中、少なくとも65名選出された。これは保守強硬派に対するイラン国内の不満を示すものであり、専門家会議における勢力図の変化が、その翌年のハメネイによる直接的なアフマディネジャード批判を可能にしたといえよう。2008年2月、ミサイル開発に関連して、国防軍需相は6月に独自の人工衛星を打ち上げると発表したが、その後実施されていない。これはいたずらに欧米諸国との対立を煽ることを懸念したハメネイの意思が、アフマディネジャード政権を抑制したものとみられている。

複雑な政治システムのなかで

他の独裁国家以上に、イランの政治は複雑である。最高指導者は大統領や議会を監視・指導する権限をもつ一方で、専門家会議によって任免権を握られている。イスラーム体制のあり方や欧米諸国との関係をめぐって、聖俗を問わず、保守強硬派、保守穏健派、改革派が入り乱れている。そして、モンタゼリら大アーヤトッラーは宗教上の序列において、最高指導者ハメネイより高位にある。

　このように錯綜した政治環境にあって、ハメネイは状況に応じて頻繁に舵を切り、保守強硬派と改革派のいずれもが勢力を伸ばし過ぎないようにしてきた。その意味では、欧米諸国と過度の緊張関係に陥ることを回避する一方で、原則的にイスラーム体制の存続を図る保守穏健派が議会や専門家会議で勢力を伸ばす現状は、ハメネイにとって最も好ましい状況と考えられる。

　ただし、2007年の専門家会議選挙でトップ当選を果たし、保守穏健派の代表格とみなされるラフサンジャニは、ハメネイと必ずしも良好な関係にない。しかし、ハメネイは後継者問題との関係から、総じて現今の保守穏健派と協力関係を崩さないとみられている。

　1939年生まれのハメネイには近年、健康不安説も囁かれている。2009年6月、ハメネイが次男でバスィージ司令官のモジタバを後継者にする意思を固めたと、英紙『ガーディアン』が伝えた。真偽はもちろん定かでないが、バスィージがイスラーム体制を支える基盤であることを鑑みれば、可能性は小さくない。

　そして仮にモジタバが後継者となった場合は、イスラーム体制の存続を前提に、欧米諸国との関係改善を図る方針が継承されることを意味するのである。

イサイアス・アフォルキ

Isaias Afwerki

1946年2月2日生まれ

エリトリア国／大統領

現代では稀有となった「絵に描いた」独裁者

「報道自由ランキング」最下位の国

アフリカ北東部の紅海に面したエリトリアは、1993年にエチオピアから分離・独立を果たした、アフリカでも若い国である。独立以来、この小国の最高権力者の座にあり続けているイサイアス・アフォルキ大統領は、他の「独裁者」たちをも凌ぐほどの強権的な支配体制を敷いている。

2001年9月、イサイアスは国内にある全ての民間の新聞社を閉鎖し、事実上の情報統制に入った。2009年の段階で拘留されているジャーナリストは30人以上にのぼり、これは北朝鮮やミャンマーより多い。「国境なき記者団」が毎年発表している「世界報道自由ランキング」で、２０１０年度エリトリアは１７８ヵ国中で最下位を占める。マスメディアだけでなく、イサイアスに批判的な者は、容赦なく取り締まりの対象とされている。そのなかには、イサイアスを支えてきた腹心の部下も含まれる。

後述するように、イサイアス率いるエリトリアは、領土の画定をめぐって、１９９０年代末からエチオピアなど近隣諸国と軍事衝突を繰り返してきた。度重なる戦闘はエリトリア経済を疲弊させ、世界銀行の統計では２０１０年現在の一人当たり国民総所得は３１０ドルで、これはサハラ以南のアフリカ諸国の平均１１２５ドルを大きく下回る。

２００１年頃からは、閣僚の間でも公然とイサイアス批判が噴出し始めたが、イサイアスは自らに批判的な閣僚を次々と更迭した。

さらに、２００１年9月には、独立戦争時代からの盟友でもある15人の閣僚が大統領批判の声明を公表するや、その全員の逮捕に踏み切ったのである。G15と呼ばれた15人の閣僚のうち、11人は反逆罪で逮捕・処刑された。残りは国外に逃亡するか、恭順を余儀なくされた。

主要閣僚すらも排除したイサイアスは、２００１年12月に実施される予定だった選挙を無期延期し、2002年には一党制を導入した。そして2008年5月、イサイアスは国内に向けて、選挙が「国家を分裂させる」として、「30～40年間は行わない」と発表した。いわばイサイアスは事実上の終身大統領になったのであり、しかもG15の放逐で、これを抑制できる閣僚も皆無となったのである。

現代では、ジンバブエのムガベのように少なくとも形式的に選挙を行うか、あるいはサウジアラビアのアブドッラーや中国の胡錦濤のように、何らかの思想信条によって独裁体制を正当化しようとする「独裁者」が圧倒的に多い。明確な理由を示さずに選挙を行わず、さらに腹心の部下すら次々と排除するイサイアスは、現代ではむしろ稀有な「絵に描いたような独裁者」なのである。

エリトリア独立と統一の夢

イサイアスは1946年、当時イギリスの統治下に置かれていたエリトリアのアスマラに生まれた。エリトリアは19世紀の末にイタリアの植民地にされていたが、第二次世界大戦中にイギリス軍がこれを占領し、さらに1962年にはエチオピア帝国に併合されていた。その3年後の1965年、イサイアスは帝都アディスアベバにあった、当時の皇帝の名を冠したハイレ・セラシエ大学に入学している。

　ここでエンジニアを志したが、わずか1年で学業を放棄し、スーダンに移った。イサイアスはここで、エチオピアからの分離独立を求めて活動を始めていた、ＥＬＦ（エリトリア解放戦線）に参加する。１９６７年には中国に留学するメンバーに選ばれ、同国で一年間、毛沢東思想やゲリラ戦について学んだ。帰国後、イサイアスはＥＬＦ総司令官になっている。

　しかし、イサイアスが中国から戻った頃、ＥＬＦは出身地や宗派による内部抗争が激しさを増していた。ＥＬＦはいくつかに分派したが、１９７３年にそのうちの三つのグループが糾合し、ＥＰＬＦ（エリトリア人民解放戦線）が結成された。イサイアスはこれに参加し、軍事委員会議長、副書記長などを歴任して、１９８７年にはＥＰＬＦ最高責任者である書記長に就任した。

　ＥＰＬＦは結成直後から、中国からの軍事援助を受けて、エチオピアに対する武装闘争を開始した。その行動方針は、ＥＰＬＦ結成に先立ち、イサイアスが１９７１年に著したパンフレット『我々の闘争とその目標』に沿ったものであった。このなかで、イサイアスはエスニシティや宗教の違いを超えたエリトリア人としての結束と独立を強調している。

ＥＰＬＦの独立闘争が激化した頃、エチオピアは大きな変動のなかにあった。１９７４年に社会主義革命が発生し、さらにその後の混乱のなかで、国境付近のオガデン地方の領有をめぐって、隣国ソマリアとも戦争状態に陥ったのである。さらに、エチオピア・ソマリア戦争が終結した翌１９８９年には、各地の反政府武装勢力の連合体であるＥＰＲＤＦ（エチオピア人民革命民主戦線）が結成され、社会主義体制への攻撃が激化した。

ＥＰＲＤＦはエチオピア国内での自治権拡大を目指す各地の民族集団の連合であり、独立を目指していたイサイアス率いるＥＰＬＦは、これに加わらなかった。しかし、両者は連携して１９９１年にアディスアベバに突入し、社会主義政権を崩壊させたのである。この結果、エチオピアではＥＰＲＤＦを中心とする暫定政権が樹立された。

この時のＥＰＲＤＦとの約束をもとに、１９９３年４月にエリトリアで独立の是非を問う住民投票が行われ、99パーセント以上の賛成を受けて、翌５月に独立が宣言された。ＥＰＬＦは政党ＰＦＤＪ（民主主義と正義のための人民戦線）に改組され、イサイアスは大統領に就任したのである。独立の英雄が「独裁者」になった点で、イサイアスはジンバブエのムガベと共通する。

エチオピアとの戦争

独立当初、イサイアスはアフリカの新しい世代の指導者として、欧米諸国からも好意的にみられていた。そのイサイアスが「独裁者」への道に向かう分岐点になったのが、かつて独立闘争で協力したEPRDF率いるエチオピアとの戦争であった。

1998年5月、両国国境付近の共同統治地帯に、2万人規模のエリトリア軍が突如として侵攻を始め、さらにエチオピア領内のティグレ州一帯を占拠した。これが、2000年6月まで続き、最終的に合計10万人以上が犠牲になったといわれるエチオピア・エリトリア戦争の始まりであった。

この戦争の発生には、いくつかの要因があげられる。最もよく指摘されるのは、エリトリアの新通貨ナクファの問題である。1997年8月に導入されたナクファは、エリトリア経済を反映して信頼性が低く、エチオピア政府は国境貿易でのドル使用を求めた。ところが、エリトリアは経済事情から外貨に乏しく、結局ナクファが国境付近で出回った。エチオピア政府は自国通貨ブルがエリトリアへ流出する不満を募らせ、両国関係が急速に悪化したのである。

これに加えて、ティグレの歴史的領有権の問題も、戦争の原因としてあげられる。侵攻後、イサイアスはティグレ一帯がイタリア植民地時代からエリトリアの不可分の地域であったとして、その歴史的領有権を主張した。さらに、ティグレ一帯で砂金が産出されるという情報もある。

ただし、これらの背景だけでなく、エリトリア国内に目を転じると、この戦争をきっかけにイサイアスが独裁的な権力を固めたことが見て取れる。

1997年5月、独立以来3年以上の歳月を費やして、複数政党制や言論の自由を保障する内容の新憲法が採択された。そして、この憲法の規定に従って、1998年中に実施されるはずだった国政選挙は、対エチオピア戦争の開戦を理由に延期された。いわば、なし崩し的に現職大統領イサイアスの権力が保全されたのである。

戦争そのものは、国連の調停によって2000年に和平合意が成立したものの、ティグレ一帯はエチオピア領にとどまり、事実上はエリトリアの敗戦であった。

いずれにしても、イサイアスが戦争という非常時を意図的に生み出し、それを口実に自らの独裁化を図ったと断定するだけの根拠はない。しかし、少なくとも結果的には、対エチオピア戦争を通じて、イサイアスが絶対的な権力を確立したことは間違いないのである。

使えるものは何でも使う

元ゲリラらしく、イサイアスには原理や原則ではなく、状況に応じて敵や味方を入れ替える実利主義が目立つ。それは特に、2000年の和平合意後も続くエチオピアとの対立関係に由来する、近隣の政府や武装組織との錯綜した関係にみられる。

2010年3月、アメリカ政府はエリトリア政府がソマリアの内戦に関与していると非難する声明を出した。ソマリア南部に拠点をもち、国際テロ組織アル・カイダとも繋がりがあるイスラーム主義勢力「アル・シャバーブ」に対して、エリトリアが支援しているというのである。

イサイアスはこれを否定し、「エリトリアを貶めるためのCIAの謀略」と一蹴した。しかしアメリカ政府だけでなく、東アフリカ諸国で構成される地域機構IGAD（政府間開発機構）でも、2009年9月に「エリトリアのソマリアへの関与を示す決定的な証拠がある」と報告されており、ほぼ間違いないとみられている。

1988年にエチオピアとの戦争が終結したソマリアでは、その後各地に軍閥が割拠する内戦状態に陥り、2006年6月にイスラーム主義勢力「イスラーム法廷」により首都モガディシュが占拠された。これに対して、ソマリアにイスラーム国家が建設されることを嫌うエチオピア軍による介入で、モガディシュは解放され、暫定連邦政府が樹立されたのである。

しかし、暫定連邦政府の権限はモガディシュ近郊に限られており、各地は現在も軍閥によって支配されており、ソマリア暫定連邦政府の後見人であるエチオピアとも散発的に武力衝突を繰り返している。この状況下で、イスラーム国家の樹立を目指し、エチオピア政府と敵対するアル・シャバーブに対して、「敵の敵は味方」の論理に基づいてイサイアスが肩入れしていたとしても不思議ではない。

共通の敵であるエチオピアを攻撃するために、アル・シャバーブと連携しているイサイアスは、もともとイスラーム主義と対立する立場にあった。

エリトリアの人口の約50パーセントはムスリムが占める。しかし、独立運動の中核を担ったEPLF／PFDJは、イサイアス自身を含め、エリトリア独自の宗派であるエリトリア正教など、キリスト教徒中心であった。そのため、ムスリムのなかには世俗的なPFDJ政権を倒してイスラーム国家の樹立を目指す過激な一派も生まれている。

このなかには、ESF（エリトリア連帯戦線）のように元タリバンのメンバーを抱え、スーダンを拠点にするものもある。イサイアスはバシールがこれらを支援していると非難し、逆に自らはスーダン国内の反政府勢力SPLAなどを支援してきた。1997年6月には、イサイアスが自らの暗殺を計画したとしてバシールを強く非難し、両国軍が国境付近で対峙する事態にまで至っている。

このようにESFやスーダンと敵対してきたイサイアスが、アル・シャバーブを支援するのは、原理・原則からすれば違和感がある。しかし、イサイアスはイスラーム主義へ傾いたわけではない。実際、ソマリアでアル・シャバーブを支援しながらも、国内でのESF鎮圧は続いているのである。このように錯綜した方針は、自らの独裁体制を維持するために「使えるものは何でも使う」という、イサイアスの実利主義を反映しているといえよう。

狭まる包囲網

このように、イサイアスは敵と味方を頻繁に入れ替えながらエチオピアと対決してきたが、これは結果的に地域を混乱させるだけだった。しかし、イサイアスに対する内外の包囲網は、着実に狭まりつつある。

独立運動の英雄とみなされていたイサイアスの独裁化に、最初に反応したのはEUであった。2001年の新聞社閉鎖と、翌2002年の一党制導入により、EUは援助停止に踏み切ったのである。

一方、アメリカはエリトリアを紅海沿岸における軍事基地の候補としていたため、当初制裁には慎重であった。しかし、「テロとの戦い」を最優先にするブッシュ政権のもと、アル・シャバーブを支援するイサイアスは制裁の対象となる。

さらに、イサイアス自身が20歳代初めに留学して以来、長く友好関係にあった中国も、イサイアスを見限ろうとしている。2009年12月、国連安全保障理事会でエリトリアに対する制裁が決議されたとき、中国は反対票を投じていない。スーダンやエチオピアで油田開発を行っている中国にとっても、地域の不安定要因であるイサイアスは、好ましい存在でなくなったのである。

中国との関係が怪しくなるなか、2009年5月に、エリトリア国内にイランの軍事施設を建設する計画が一部で報道された。イサイアスはアル・ジャズィーラのインタビューでこれを否定しており、その真偽は定かではない。しかし、仮にイサイアスからの接近があったとしても、欧米諸国と部分的に関係を改善せざるを得ないイランのハメネイにとって、アフリカでも指折りの貧困国であるエリトリアを支援するメリットは見出しにくい。

アフリカ内部でもエリトリアは孤立しつつある。エチオピアやジブチとの国境紛争への調停に対する不満や、ソマリアへの介入に対する批判を受け、エリトリアは2007年にIGADから脱退している。また、2009年の安保理による制裁決議は、IGADから国連に請求されたものであった。

周りから厄介者扱いされ、援助や貿易が減少するなか、アフリカでも貧しい部類に入るエリトリアの経済は、ますます貧窮の度合いを高めている。そして、これがエリトリア人の反イサイアス運動を活性化させる背景となっている。

2009年1月、ロンドンで在外エリトリア人を中心とした「エリトリアに民主的権利を求める市民運動」が結成された。同様の団体は欧米各国で生まれており、反イサイアスの国際世論を動かす原動力となりつつある。

反イサイアスの動きは、エリトリア内部でも起こっている。2010年8月、11団体850人から成る連合体EDA（エリトリア民主主義同盟）が、アディスアベバで民主化を求める全体会合を開いた。平和的な民主化要求だけでなく、EDA傘下の8団体は、2010年5月に共同で武装闘争を行うことも確認しあっている。

EDAのなかには比較的穏健なイスラーム勢力も含まれるが、2010年にはコーランに基づく国家建設を目指す、より過激なイスラーム主義組織4団体が連合したESFが結成された。いわば内外に敵だらけの状況下で、イサイアスに対する包囲網は着実に狭まりつつあるのである。

他のアフリカ諸国の動向

今後、鍵を握るのは、イサイアスに協力するアフリカの他の「独裁者」である。

エチオピアと敵対し、国内でも孤立しつつあるイサイアスは、長年にわたって敵対関係にあったスーダンと部分的に関係を改善している。国際刑事裁判所から逮捕状を発行されたバシールを、イサイアスは2009年3月にエリトリアに招待している。さらに、2010年5月に、ナイル河の水利問題をめぐっては、エジプトのムバラクとともにバシールを支持し、ウガンダやルワンダといった上流域の国々と対立して、下流域の国の権利を主張している。

イサイアスが長年の対立を超えてバシールに接近する背景には、アフリカ内部での全面的な孤立を回避するとともに、ESFなどイスラーム勢力の抑制を図ったものと考えられる。バシール以外にも、イサイアスは2010年3月にはリビアを訪問し、カダフィと地域の安定について協議したと伝えられている。

アフリカ内部の「独裁者」たちが一枚岩になるわけではないが、少なくともそのうちの一派と、イサイアスは結びつきを強化しているのである。

しかし、2010年末頃からの中東、北アフリカ一帯を巻き込んだ政変の広がりにより、これらの「独裁者」たち自身が、その立場を危うくしている。ムバラクは2011年2月に退陣し、リビアのカダフィ政権も事実上、崩壊。さらに、バシールは南部スーダン独立問題に関連して、自身が欧米諸国との関係改善を迫られている。

いずれの「独裁者」たちも自国のことで精一杯になるなか、イサイアスの命運は、いまや風前の灯なのである。

グルバングルィ・ベルディムハメドフ

Gurbanguly Berdymuhamedov

1957年2月生まれ

トルクメニスタン共和国／大統領

共産主義体制を継承した元歯科医師

「中央アジアの金正日」と呼ばれたニヤゾフを継承

1991年のソビエト連邦崩壊にともない、中央アジア各国はそれぞれ独立を達成したが、その多くの国が共産主義体制を継承した、独裁的な政治体制を敷いている。トルクメニスタンのグルバングルィ・ベルディムハメドフ大統領は、この地域でも指折りの「独裁者」として知られる。

ベルディムハメドフの「独裁者歴」は、まだ浅い。独立から一貫して大統領の座にあったサパルムラト・ニヤゾフが心臓病で急死した2006年12月、副首相だったベルディムハメドフが大統領に就任した。

詳しくは後述するように、前任者のニヤゾフは「中央アジアの金正日」と呼ばれるほどの「独裁者」であった。その後継者ベルディムハメドフは、ニヤゾフ時代の個人支配を改めてきているが、それでも反体制派への取り締まりや権力が集中している点では、前任者と変わらない。

国際人権団体ヒューマン・ライツ・ウォッチによると、2009年の段階で数百名の政治犯が刑務所に投獄されている。同団体の2010年報告書で、トルクメニスタンはエリトリアや北朝鮮と並んで、個人や団体に対する権利侵害が深刻な国として挙げられている。

ベルディムハメドフの主導により、2008年12月に初めて議会選挙が行われたが、これに参加できた政党は事実上、与党DPT（トルクメニスタン民主党）と、その衛星党である農民正義党だけだった。他の政党の結成は憲法で認められていても、実際には政府に承認されておらず、事実上の一党制なのである。

事実、当選者の約90パーセントはDPTメンバーで、ごく僅かにいた無所属立候補者は、ほとんどが政府関係の団体職員であった。

この選挙には、旧ソ連諸国で構成されるCIS（独立国家共同体）からだけでなく、旧ソ連圏と欧米諸国がともに加盟するOSCE（欧州安全保障協力機構）からも選挙監視団が派遣された。これはトルクメニスタンで初めてのことで、CIS監視団は選挙結果を承認したが、OSCE監視団は結果的に監視活動を取りやめている。理由は、「現在の法律のもとでは実質的な競争が発生しない」というものであった。

このようにして成立した議会が、ベルディムハメドフ率いる政府に対して抑制や均衡を働かせることは、事実上不可能である。形式的な選挙を「独裁者」自ら行い、実質的には党を通じて個人支配を貫徹している点で、ベルディムハメドフはかつての共産主義体制を継承しているといえよう。

歯科医師からの転身

数多い「独裁者」のなかでも、ベルディムハメドフの職歴は変わり種である。

ベルディムハメドフは1957年2月、トルクメン・ソビエト社会主義共和国のアハル州に生まれた。1979年にトルクメニスタン国立医科大学を卒業し、さらにモスクワで博士号を取得している。1991年のソ連崩壊にともなうトルキスタン独立を挟んで、1995年まで保健省で歯科医師として勤務する傍ら、国家医科大学歯学科の学部長まで務めている。

その前半生についての情報はほとんどないが、少なくとも伝えられている経歴からは、政治的野心を培った痕跡はみられない。しかし医科大学で勤務していた頃、ベルディムハメドフに大きな転機が訪れる。当時、欧米諸国から「中央アジアの金正日」と呼ばれていたニヤゾフの専属歯科医師となったのである。

古来、「独裁者」は自らの地位が脅かされるという強迫観念から、周囲の人間にも不信感を抱きやすい。そのため、調理人、理髪師、医師といった直接接触する職種は、よほど信頼が置ける者にしか任せない。その意味でベルディムハメドフは、ニヤゾフから「自分に危害を加えない人間」とみなされたのだろう。

それを裏付けるように、ベルディムハメドフはその後、政治の階段を一気に駆け上る。1997年には保健・医療産業大臣に、さらに2001年には副首相に任命されている。トルクメニスタンには首相ポストがなく、副首相が大統領に次ぐ席次である。ベルディムハメドフに対するニヤゾフの信頼感がうかがえよう。

ただし、その信頼がベルディムハメドフの政治家としての能力や資質に基づくものであったかは疑わしい。

1985年にトルクメン・ソビエト社会主義共和国共産党第一書記に就任して以来、一貫してトルクメニスタンの政治権力を独占してきたニヤゾフは、自らを神格化する個人支配を推し進めた。自らが著した歴史・哲学の書『ルーフマーナ』を学校や家庭で読むことを強制したほか、国連総会で永世中立国であることが承認された記念として、首都アシガバットに75メートルの「永世中立の塔」を建て、さらにその上に15メートルの自らの立像を建てた。金メッキを施され、太陽の移動に合わせて回転するニヤゾフ像は、その個人支配の象徴であった。

自分の好物という理由で8月第二日曜日を「メロンの日」として国民の祝日にするなど、やりたい放題だったニヤゾフは、自らの権力を脅かしかねない部下を次々と排除し、トルクメニスタンの人材不足に拍車をかけた。後継者も定めず、息子と娘は、いずれも海外で生活していた。

ベルディムハメドフは、このように周囲への警戒心を露にしていたニヤゾフによって副首相に抜擢されたのである。これは、「政治的野心に乏しい」というニヤゾフの彼への評価を物語るといえよう。

権力の継承と脱ニヤゾフ

ところが、1999年に終身大統領に就任していたニヤゾフは、2005年になって高齢を理由に、自らが立候補しない大統領選挙を2009年に実施すると発表した。その心境の変化を推し量ることはできないが、いずれにせよその発表の翌2006年12月21日にニヤゾフが急死したことは、既に述べた通りである。

憲法の規定により、メジリス（議会）議長だったオヴェズゲリドゥイ・アタエフが大統領代行に就任した。しかし、その日のうちにメジリスはアタエフを大統領代行から罷免し、翌22日には議長の職も解任されている。

アタエフが罷免された理由は、「義理の娘を自殺未遂に追いやった」という嫌疑で刑事訴追されていたことにある。その後、アタエフは2007年2月に5年の禁固刑に処された。これをベルディムハメドフとの権力闘争の表れとみる向きもあるが、2006年9月の段階で既に、ニヤゾフが検察当局にアタエフの刑事責任の追及を命じていたこともあって、真相は藪の中である。

ともあれ、大統領代行に就任したベルディムハメドフは、翌2007年2月の大統領選挙で89・23パーセントの支持により、正式に大統領の座に就いた。いわばニヤゾフの影として歩んできたベルディムハメドフが、いよいよ表舞台に立ったのである。

ところが、ベルディムハメドフは「国父」ニヤゾフの路線を継承すると宣誓したものの、実際には多くの政策で、前任者からの路線転換を図っている。

ニヤゾフ時代に「トルクメニスタンの文化にそぐわない」として規制されていたオペラやバレエが解禁されたほか、禁止されていたインターネットカフェが復活した。また、「9月」が「ルーフマーナ」とされたように、ニヤゾフの経歴や家族に由来する名称に変更されていた月や曜日が元に戻され、「親の面倒は子どもがみるもの」というニヤゾフの意向で廃止されていた年金制度が復活した。

なかでも重要なのは、2008年の憲法改正にともなうハルク・マスラハティ（人民評議会）の廃止である。ハルク・マスラハティは国権の最高機関と位置づけられてきたが、その議員はニヤゾフ自身によって任命され、実質的にはその決定を追認するものでしかなかった。ベルディムハメドフはハルク・マスラハティを廃止する一方で、メジリスの議席数を50から125に増やしている。

このようにベルディムハメドフは、「中央アジアの金正日」と呼ばれたニヤゾフの敷いた路線を段階的に変更してきた。2010年8月に、その個人支配の象徴であった「永世中立の塔」の上の立像が撤去されたことは、ニヤゾフ時代の終焉を示すものである。

新たな個人支配

ただし、ニヤゾフ時代からの路線転換は、トルクメニスタンに自由や民主主義をもたらしたわけでない。むしろ、前任者の路線をドラスティックに変更している事実は、ベルディムハメドフ自身が独裁的な権力を掌中にしている証である。

実際、トルクメニスタンにおける権威主義的な支配は、ニヤゾフの露骨なまでの個人支配から、ベルディムハメドフのもとで、より巧妙かつ強固なものになりつつある。

普通選挙で議員が選出されるメジリスは、議席数が拡大されたものの、大統領を罷免する権限をもたない。官選とはいえ、ハルク・マスラハティにその権限が制度上認められていたのに対し、メジリスがベルディムハメドフの権力に対する防波堤となることはない。さらに冒頭で述べたように、その選挙自体が恣意的に管理されているため、三権分立は形式的なものに過ぎない。

メディアについても同様である。ニヤゾフの時代には、ケーブルテレビが廃止され、テレビは国営放送しかなくなった。しかし、世界の天然ガス埋蔵量の4・3パーセントを占めるトルクメニスタンは、旧ソ連の中央アジアのなかでも裕福なため、都市住民の間で衛星放送が受信可能なテレビが普及していた。

ベルディムハメドフのもとでも、地上波テレビは国営放送しか認められていない。さらに2007年12月、「見苦しい」という理由で、ベルディムハメドフはアシガバットの住宅からパラボラアンテナを撤去するよう命じた。インターネットに関しても、ユーチューブなどを含む海外ウェブサイトへのアクセスは原則的にブロックされており、2010年には「国境なき記者団」から「インターネットの敵」と批判されている。

このようにベルディムハメドフは、議会やメディアに強固な管理体制を敷きながら、2010年の2月と7月に、新たな政党の結成と、民間の新聞・雑誌の発刊を認める方針を、相次いで打ち出した。ただし、2011年7月現在、いずれもまだ実現していない。

その一方で、ベルディムハメドフは対外開放の一環として、ニヤゾフ時代にはなかった、海外の出版物を取り扱う書店の開設を進めた。しかし、2009年9月にここを訪れたBBCの記者は、ベルディムハメドフ自身による、あるいはそれに関する著作で溢れていたと報告している。また、2009年3月にアシガバットに建設された新しいモスクは、ベルディムハメドフの名を冠している。

孤立から全方位外交へ

ニヤゾフから個人支配を継承したベルディムハメドフは、しかし、多くの「独裁者」と異なり、国際人権団体などによるものを除いて、国際的な非難にさらされることが少ない。その大きな理由は、多くの国民が食糧不足や武力紛争による生命の危機にさらされているわけでないことがある。これは、天然ガス収入によるところが大きい。

世界銀行の統計によると、2009年段階でトルクメニスタンの一人当たりGNI（国民総所得）は3420ドルで、これを例えば隣国のウズベキスタンの1100ドルと比較すれば、その豊かさは明らかである。政治的自由はないが、治安が安定し、国民が一定の生活水準を得ていることが、ベルディムハメドフに対する国際的な非難を和らげているといえよう。

これに加えて、ベルディムハメドフは金正日やイサイアスと異なり、地域一帯の不安定要因となることはない。むしろ、トルクメニスタンは地域内で意図的に孤立してきた。「積極的中立」を掲げたニヤゾフは、ロシア主導のCIS集団安全保障条約への署名を拒否した。さらに、2005年にはCISの正加盟国から準加盟国になっている。その結果、

2011年7月現在、トルクメニスタンは国連以外の国際機関に加盟していない。ニヤゾフによる国際的な孤立化は、ロシアの影響力を嫌ったものと考えられるが、これは豊富な天然ガス収入があればこそ可能であったといえよう。

これに対して、ベルディムハメドフは諸外国との結びつきを強化して、そのなかで中立を図る方針に転じている。その際、テコとなったのは、やはり天然ガスであった。

ベルディムハメドフは天然ガス分野への投資を積極的に誘致しているが、他方でこれを利用してロシアや欧米諸国に対する影響力を発揮している。2007年5月にトルクメニスタン政府がロシアとカザフスタンとの間で契約を結んだガスパイプライン建設は、その典型である。この契約に先立ち、EUはカスピ海の湖底からトルコへ至るパイプライン建設を提案していた。中央アジア産の石油や天然ガスをロシア経由で輸入することを嫌ったのである。しかし、熾烈なロビイング競争の結果、契約を勝ち取ったのはロシアだった。

エネルギー価格が高騰する今、石油、天然ガス産出国の立場は強い。ベルディムハメドフは敢えてロシアとの天秤にかけることで、欧米諸国に対して、国内問題へ干渉させないよう牽制したとみられるのである。その後、2010年11月に、EUが求めていたトルコ経由のパイプライン建設を承認している。これは、欧米諸国への単純なシフトではなく、硬軟の使い分けとみた方がよいであろう。

一方で、ニヤゾフ時代と同様、ロシアから配信されるテレビ映像は、当局が検閲を行ったうえで放映されている。つまり、ベルディムハメドフは中央アジア一帯へ影響力を伸ばすロシアにも警戒感を抱いており、いずれの国からも独立的な立場をとろうとする点においては、ニヤゾフの路線を忠実に継承しているといえる。

独裁体制は今後も磐石？

共産主義体制を思い起こさせる強固なベルディムハメドフの体制は、これまでの各章で取り上げてきた独裁体制のなかで、最も安定している。

体制を脅かす勢力は、少なくとも国内には見当たらない。ソ連崩壊後の中央アジア一帯では、長く共産主義体制のもとで抑えられてきたイスラーム勢力の復興が著しく、近隣のアフガニスタンやイランの影響を受けた過激な武装組織が跋扈《ばっこ》している。世俗的なベルディムハメドフの体制は、これらにとって原理的には格好の標的であるかもしれないが、共産主義時代からの秘密警察が全国に監視の目を張り巡らしているだけでなく、国民が一定の生活水準を享受しているなかにあっては、テロリストの予備軍となる貧困層も少ない。

また、南隣にはレバノンなどに「イスラーム革命の輸出」を行ってきたイランがあるが、トルクメニスタンは同国からの干渉も防いでいる。2010年1月、ベルディムハメドフはアフマディネジャードとの間で、年間200億立方メートル以上の天然ガスを輸送できるパイプラインの建設に合意した。国際的に孤立しがちで、エネルギー不足が指摘されているイランにとっても、ベルディムハメドフの体制が存続することにメリットがあるのである。したがって、イランからの「革命の輸出」も考えにくい。

他方、北朝鮮やミャンマー、エリトリアと異なり、地域の火種にもなっておらず、さらに自らの天然ガス供給地でもある以上、欧米諸国が「人権侵害」だけを理由に本格的な制裁に向かうことも想像しにくい。つまり、外部からの圧力によって体制が変動する可能性も低いのである。

強いて不確定要素を挙げるとするならば、後継者選定の方法が全くといっていいほど確立されていないことがある。しかし、1957年生まれのベルディムハメドフは2011年現在で54歳と、「独裁者」のなかでは若年の部類に入る。そのため、当面はベルディムハメドフによる支配が継続し、そのなかで欧米諸国へのポーズとして、段階的に政治改革が進むものとみられるのである。

ムアンマル・アル・カダフィ

Muammar Al Qadthafi
1942年6月7日生まれ
大リビア・アラブ社会主義
人民ジャマーヒリーヤ国／最高指導者

独裁期間世界最長の
「中東の狂犬」の運命は？

反欧米のためならテロリストも支援

中東・北アフリカにおける主な「独裁者」のうち、欧米先進国と最も親密な関係を築いたのがサウジアラビアのアブドッラーだったとすれば、最も敵対的な関係を生み出したのがリビアの最高指導者ムアンマル・アル・カダフィである。

1986年、当時アメリカの大統領だったロナルド・レーガンは、カダフィを指して「中東の狂犬」と呼んだ。その呼び名に賛否はあっても、反欧米的で攻撃的な発言、行動、パフォーマンスが目立つことは確かである。

１９７０年代以降、カダフィは主にパレスチナ問題をめぐって欧米諸国と対立してきた。特に１９８０年、イスラエルを支持するタカ派のレーガンが大統領に就任して以降、リビアとアメリカの関係は急激に悪化した。翌１９８１年にカダフィはレーガンの暗殺について発言し、さらに１９８４年以降はその支援を受けたイスラーム過激派による、アメリカ国内での飛行機や政府関連の建物に対する爆破テロ計画が相次いで発覚した。レーガンによる「狂犬」発言は、これを背景とする。

その後、カダフィを排除するため、１９８６年にアメリカ政府がリビアへの空爆を敢行すると、これに対して１９８８年にパン・アメリカン（パンナム）航空１０３便の爆破テロ事件を起こした。これをきっかけに、リビアは国連による経済制裁の対象となった。

カダフィによる欧米諸国との敵対は、国際会議など公式の場でも行われた。２００９年に初めて国連総会で演説した際には、当時世界的に蔓延していた新型インフルエンザを「欧米諸国が細菌兵器として作った」と主張するなど、１時間以上にわたって欧米諸国を批判し続けている。

しかし、カダフィが「狂犬」とまで呼ばれたのは、単に欧米諸国と敵対したからだけでなく、反欧米的な団体といわば見境なしに連携したことも、その一因である。イタリアの極左組織「赤い旅団」、日本赤軍、北アイルランドのＩＲＡなどがそれに当たり、イスラームとはイデオロギー的におよそ無縁であっても、これらのテロ活動に物心両面で支援してきたのである。１９７３年にドバイ事件で日航機をハイジャックした日本赤軍のメンバーが、リビアの空港を使用することを黙認したのは、その典型である。

カダフィによる見境のない敵意は、欧米諸国に対してだけではない。

冷戦中、リビアはソ連から援助を受けていた。しかし、１９７４年に初めて訪れた際、友好親善の訪問だったにもかかわらず、当時ソ連がアメリカとの間で進めていた緊張緩和（デタント）をあからさまに批判している。また、１９７９年にイスラエルと和平合意を結んだエジプトをアラブ連盟から追放する急先鋒となっただけでなく、エジプトの反体制派を支援するための援助を続けた。

41年間も政治権力を握り続けた男

カダフィは２０１１年８月現在で41年11ヵ月もの間、政治権力を握り続けてきており、独裁期間世界最長の「独裁者」でもある。当然のごとく、リビアでも軍や秘密警察が反体制派を強権的に取り締まっているが、長期にわたる独裁を可能にしたのは、その独特の体制によるところが大きい。

１９６９年のクーデタで王政を打倒したカダフィは、１９７３年にイスラーム社会主義とも呼ばれる「ジャマーヒリーヤ」体制の構築を宣言した。

ジャマーヒリーヤとは、アラブ遊牧民の慣習や万人の平等を謳うイスラームの影響を色濃く受けた体制で、政党や議会だけでなく、国家や「国家元首」という概念すら否定するものである。各地域に「人民会議」、職場や学校などに「人民委員会」が設けられ、それらの上部組織である「全国人民会議」が最高意思決定機関となる。成人は人民会議への参加が義務付けられており、少なくとも形式的には、全員が政治に関わる直接民主制である。

カダフィはこの体制を正当化するための理論書として、１９７５年に『緑の書』を著した。『緑の書』のなかで、カダフィは一般的な議会制民主主義を、「欺瞞的なみせかけだけの民主主義」と痛罵している。

カダフィ自身は、ジャマーヒリーヤ体制が確立した１９７７年から79年まで、全国人民委員会書記長を務めたが、その後一切の公職を退いている。しかし、制度的に指揮する側とされる側がないことは、逆に、発言力をもつ者の声を無尽蔵に増幅することとなる。その結果、無官でありながら、カダフィは「革命の指導者」として事実上の最高権力者であり続けたのである。

そして、直接民主制を標榜するジャマーヒリーヤが、カダフィの独裁を支える基盤となったことも見逃せない。全員が参加を強制されることは、そこでの言動が常に監視されていることを意味する。その結果、人民委員会ではカダフィ賛美の発言以外は出なくなるのである。

いわば国民同士による相互監視を網の目のように張り巡らす一方、カダフィは支配の恩恵をばらまくことも忘れない。リビアは推定で世界第8位の原油埋蔵量を誇る産油国である。人口が少ないこともあり、世界銀行の統計によると2010年のリビアにおける一人当たりGDPは1万2020ドルで、これは中東・北アフリカ平均の3597ドルを大きく上回る。

王制打倒の直後、カダフィは「石油の発見によってリビア人は働くことを忘れた。我々は石油に頼らないようにしなければならない」と強調したが、実際には他の産油国と同様に、原油収入による恩恵を、部分的にではあっても国民に還元することで、その支配の正当性を保ってきたのである。

このようにカダフィは、外に対しては辺り構わず衝突を繰り返す一方、内に対しては暴力的な抑圧のみならず、国民全体を監視下に置くネットワークを構築し、石油収入の恩恵をばらまくことで、世界最長の「独裁者」たり得る支配体制を築き上げたのである。

アラブ統一の理想

「中東の狂犬」たるカダフィは、いかにして誕生したか。

カダフィは１９４２年、リビアの砂漠地帯に暮らす遊牧民のテントで生まれた。ムスリム学校で初等教育を受け、高校卒業後の１９６１年、ベンガジにある陸軍士官学校に入学した。カダフィはここで、当時のリビア王政を打倒するための秘密結社「自由将校団」の結成に関わることとなる。

当時、エジプト王政を打倒し、初代大統領に就任したガマール・アブドゥル・ナセルと、そのスローガンであった「アラブ民族主義」が、アラブ諸国一帯で旋風を巻き起こしていた。ナセルは欧米列強によって画定された現在の国境線を廃し、さらにイスラエルに対抗するために、アラブ諸国が一つにまとまるべきと説いていた。

ナセルに心酔したカダフィは、実際に自由将校団を率いて、１９６９年９月に王政打倒のクーデタを敢行する。国王イドリース１世はトルコに亡命し、カダフィは暫定憲法に基づいて設置された革命評議会議長に就任した。軍隊内部におけるカダフィの階級は中尉であったが、エジプト革命を実現したときのナセルが大佐であったことから、この段階で儀礼的に大佐に昇格し、それが呼称として定着したのである。

革命評議会議長として最高権力者となったカダフィは、「アラブ民族主義」の理想に邁進する。1972年には、エジプト、シリアとの間で、アラブ統一の足がかりとなる「アラブ共和国連邦」を結成した。さらに、1973年のジャマーヒリーヤ宣言もまた、欧米的制度から離れた「アラブ民族主義」を具現化するためのものであったといえよう。

しかし、理想家カダフィの思惑とは別に、その後「アラブ民族主義」そのものがアラブ内部で求心力を低下させていく。それにともない、カダフィはアラブ世界でも孤立を深めていくのである。

1970年にナセルが死亡し、副大統領だったムハンマド・アンワル・アル・サダトが大統領になった。サダトはナセルの「アラブ民族主義」を継承すると表明したが、1979年に宿敵イスラエルと単独で平和条約を締結し、事実上パレスチナ問題から手を引いた。サダトは「アラブ統一」の理想より、対イスラエル戦争の終結によるエジプトの安全と利益を優先させたのである。

一方、これによってカダフィはシリアのアサドとともに、いわば「はしごを外された」格好となった。元来、アラブ諸国の「独裁者」たちは、自らが現在もっている権力の放棄につながりかねない「アラブ民族主義」に消極的であった。実際、カダフィはサウジアラビアやヨルダンなどの王政を打倒すべきと何度も呼びかけている。理想に固執したカダフィはアラブ世界でも孤立したが、シリアと異なり豊富な石油収入があったことから、周囲との関係を顧慮する必要性は低く、ますます「狂犬」ぶりを発揮していったのである。

欧米諸国との関係改善

しかし、いかに石油が豊富にあろうとも、パンナム機爆破テロ事件をきっかけに国連によって経済制裁を敷かれ、販売先が限定された結果、リビアの収入は目減りしていくこととなった。UNDP（国連開発計画）の統計によると、1987年に223億ドルだったリビアのGDPは、2002年には191億ドルにまで低下している。この間の物価上昇を考慮すれば、その経済損失はさらに大きい。

経済水準の低下は、カダフィにとって、国民に対する支配の正当性を損なう。その一方で、容易に欧米諸国と関係を改善すれば、国内外に向けて、それまでの自らの言動を否定することにもなる。１９９０年代のカダフィは、このジレンマに直面していたのである。

その結果、カダフィは１９９９年にはパンナム機爆破テロ事件の実行犯を、オランダのハーグに設置された国際法廷に引渡すことに合意するなど、１９９０年代の末頃から欧米諸国との関係改善に向かい始めた。しかし、これを一気に加速させたのは、２００１年のアメリカ同時多発テロ事件であった。

ジョージ・ブッシュ大統領（当時）によって「悪の枢軸」と名指しされたイラン、イラク、北朝鮮以外の「独裁者」たちにとっても、アメリカ軍によるアフガン攻撃やイラク攻撃は、「明日は我が身」の危機感を募らせるに充分なものであった。

これを背景に、カダフィは２００３年、パンナム機爆破テロ事件への国家としての関与を否定しながらも、「リビアの公務員」により死亡した２７０名の乗客・乗員の遺族やアメリカ政府に対して、総額27億ドルの補償を行うことを約束した。国連による制裁を受けるきっかけになったこの事件に一定の収束の目処を立てたことは、リビアの国際社会への復帰を印象付けた。

さらに同じく２００３年には、核をはじめとする大量破壊兵器の開発に着手していたことを公表し、国際的な査察団の受け入れに応じた。ＩＡＥＡ（国際原子力機関）などによる査察で、23トンのマスタードガスなどが確認され、これらのほか核開発計画の放棄についても全面的に合意した。これら一連の関係改善の結果、2006年にアメリカ政府は「テロ支援国家」リストからリビアを外し、両国の国交が正常化されたのである。

ただし、一方的な関係改善は、欧米諸国と敵対することで保たれてきたカダフィのイメージを損なう。そのため、少なくとも公式の場での欧米批判のトーンは、むしろ強めざるを得ない。

2008年、イタリアのシルヴィオ・ベルルスコーニ首相との間で、同国によるかつての植民地支配に対する50億ドルの賠償と引き換えに、リビアからの不法移民取り締まりの強化とイタリア企業への優遇策を記した条約が締結された。翌2009年、イタリアを初めて訪問したカダフィは、しかしその胸にイタリアへの抵抗運動を主導し、絞首刑に処されたオマル・ムフタールの写真をつけて飛行機から降り立ったのである。

外交儀礼をあえて無視したこのようなパフォーマンスは、欧米諸国と関係改善を図りながらも、「狂犬」としての自らの存在意義を内外に示し続けなければならないカダフィの立場を物語る。

足場の模索

「アラブ民族主義」の理想に破れ、欧米諸国との関係改善を余儀なくされたカダフィは、2000年前後からその関心をアフリカにシフトさせてきた。2002年、アフリカ諸国の緩やかな連合体であったOAU（アフリカ統一機構）が、2025年までにEU型の地域統合を目指すAU（アフリカ連合）に衣替えした。カダフィはこれを主導した一人であった。

AUが設立されたのは、紛争や貧困などの対応に結束する必要性が、アフリカ内部で叫ばれたからだけでなく、国連や欧米諸国からもそれが求められたからである。つまり、アラブと異なり、アフリカの統一は、カダフィにとっても触手を伸ばしやすかったのである。

これと並行して、カダフィはアフリカ内部の「独裁者」たちへの支援を強化するようになる。なかでも、スーダンのバシールはカダフィと近いことで知られる。1980年代以来、カダフィはサハラ砂漠一帯の国の統一を図るため、各国内部で「イスラーム連隊」と呼ばれる武装組織を設立し、それぞれの国の政府を攻撃させた。スーダンの「ジャンジャウィード」の指導者の多くはイスラーム連隊出身で、この人的ネットワークがカダフィとバシールの関係を強くした。バシールが国際指名手配されたときには、「これは新たな形の世界テロだ」と、アフリカ諸国首脳のなかでも一際大きな批判の声をあげている。

一方で、カダフィはアフリカ各国の伝統的な支配層との関係も強化している。アフリカではエスニシティの求心力がいまだに大きく、それらの長は首長や王と呼ばれる。彼らはその支配下の人々に対して、政府と同等か、それ以上の影響力をもつ。

2008年、カダフィはベンガジで、アフリカ中から200以上の首長や王を集めた会議を開催した。ここでカダフィは、アフリカの「王のなかの王」という称号を授与されている。これはアフリカ統一を目指す動きを、政府レベル以外にも波及させようとするものといえよう。

ただし、カダフィの「野望」は、必ずしもアフリカ諸国政府から支持されていない。カダフィが求める急進的なアフリカ統一は、各国政府のもつ権限を脅かす。それだけでなく、カダフィに引きずられることで、欧米諸国との敵対関係に巻き込まれるという警戒感がある。そのため、バシールやムガベのように欧米諸国と全面的に敵対する「独裁者」を除けば、ほとんどのアフリカ諸国政府は、カダフィの主張を表面上受け入れるにとどまっているのである。

崩壊するカダフィ体制

2009年、カダフィの次男サイフ・アル・イスラームが、人民社会指導部総合調整官に就任した。カダフィには、既に死亡した者も含めて7男1女があり、そのうちアル・イスラームは、その後継者と目されていた。人民社会指導部総合調整官は、アル・イスラームのために設けられた名目上のポストであり、これによって世代交代が進むという観測が流れたのである。

ところが、2010年12月から中東・北アフリカ一帯で発生した反政府・民主化の潮流は、それまで磐石とみられていたカダフィ体制を揺るがせ始めた。2011年2月、王政の中心地であったベンガジで、拘留されている人権派弁護士の釈放を求めるデモ隊が警官隊と衝突した。これを皮切りに、各地で抗議活動が噴出したのである。

従来、カダフィ体制に批判的な勢力は、王政支持者のほか、過激なイスラーム勢力、民主化勢力などに分裂していた。ところが、地域一帯を巻き込む変動のなか、これらの諸勢力は、反カダフィの一点で結束したのである。

これに対して、軍や警察による鎮圧活動により、2月20日までに250人が死亡する事態となった。さらに2月27日には反カダフィ派がベンガジに暫定政府「国民評議会」を樹立しただけでなく、国連安保理でリビアに対する制裁決議案が採択された。急激な情勢の変化と欧米諸国による軍事介入に、カダフィはアフリカ系傭兵部隊を動員したほか、体制支持者らに武器を配るなど、徹底抗戦の構えをみせている。

しかし、8月23日、多国籍軍による側面支援を受けた国民評議会の部隊は、トリポリ中心部を制圧した。同日未明、国民評議会側に拘束されたとみられていたアル・イスラームがトリポリに姿を現し、カダフィ支持者の気勢が上がったばかりのことであった。本書執筆段階において、カダフィの消息は不明だが、リビアの政変が最大の山場に差し掛かっていることは間違いない。

国民評議会は、内戦のさなかに欧米諸国から〝正式の交渉相手〟という認知を引き出している。このまま新政権が樹立されれば、彼らは欧米に近い外交方針をとるだろう。

さらに、カダフィと友好的だった中国の石油権益は、体制打倒後には保障されない可能性があると国民評議会の幹部が述べるなど、中東における大国の勢力図は、大きく変化する公算が高い。いずれにせよ、国民評議会は〝反カダフィ〟だけで繋がった寄り合い所帯である。仮にカダフィ体制が崩壊すれば、リビアは権力闘争の激化と内政の混乱に見舞われることが、充分に予想される。

イスラム・カリモフ

Islam Karimov

1938年1月30日生まれ

ウズベキスタン共和国／大統領

ロシアと欧米を天秤にかけ、
独裁体制を維持

形式的な法治主義すら捨てた個人支配

トルクメニスタンのベルディムハメドフの章で触れたように、1991年のソ連崩壊によって誕生した中央アジア諸国では、共産主義体制の時代に構築された中央集権的な政治体制が現代でもその名残を留めている。ウズベキスタンのイスラム・カリモフ大統領は、その共産主義体制の末裔たる「独裁者」のうちの一人である。

1991年の独立以来、カリモフはウズベキスタンの大統領であり続けている。前章のカダフィとは対照的に、その巨大な権力は憲法で制度的に保障されたものである。ウズベキスタン独立にともなって制定された1992年憲法では、大統領に軍の統帥権、非常事態の宣言、首相や閣僚の任免権といった、多くの大統領制の国で保障されている権限以外にも、大きな権限が認められている。

その象徴は、大統領に議会解散権が与えられていることである。これは大統領の議会に対する一方的優位を固定し、三権分立を形骸化させる。さらに、大統領には全ての裁判所判事や州知事などの任免権も与えられている。こうして、大統領であるカリモフに対する制約は、制度的にも皆無である。

カリモフの個人支配は、憲法制定後にさらに進行してきた。もともと1992年憲法では、大統領は2期までとされていた。ところが1995年、2期目のカリモフは「1期目は独立にともなうもので、1992年憲法の制約を受けない」と主張し、大統領が三選できるよう憲法を修正するための国民投票を実施したのである。

この国民投票では、投票所で有権者の投票が監視されただけでなく、白票は「賛成」にカウントされ、さらに「反対」はマークを隙間なく埋めなければ無効とされるなど、カリモフ三選を既定路線とした選挙運営が目立った。しかし、この国民投票での賛成多数により、カリモフは2000年大統領選挙に立候補することが、合法的に認められたのである。

大統領選挙の結果、91・9パーセントという圧倒的な得票でカリモフの三選が決まった。さらに2002年には、やはり国民投票によって、大統領の任期が5年から7年に延長されている。

このように合法的に権力の座に居座り続けるカリモフであるが、2007年に行われた大統領選挙では、もはや国民投票による憲法改正も行わずに大統領選挙に立候補し、当選を果たしている。これについて、カリモフやウズベキスタン政府は、四選に関する憲法の解釈などに関して、全く釈明していない。

一人での権力の継承

かつての共産主義体制を髣髴《ほうふつ》とさせる強権的な支配体制は、なぜ生まれたのか？　その大きな要因として、カリモフが共産主義体制からの転換を進めた張本人であったことがあげられる。

カリモフは1938年1月、ソ連統治下のウズベク共和国サマルカンドに生まれた。中央アジア工科大学とタシケント国民経済大学に学び、技術工学と経済学の学位をもつ。1961年から66年まで技師として働いていたが、この間の1964年にウズベク共産党に入党している。

ソ連時代は、共産党内部での出世しか社会的な成功への道はなかった。カリモフはこれに沿って、1966年からウズベク共産党のなかにあった国家計画局で勤務し、最終的に第一副議長にまで昇進した。1983年、ウズベク共和国の副首相、財務大臣に任命され、さらに1986年には国家計画局議長を兼務するようになる。そして1989年6月、ついにウズベク共産党中央委員会第一書記に就任した。これはソ連統治下のウズベキスタンにおいて、事実上の最高権力者となったことを意味する。

ところが、時代はまさに冷戦末期であった。カリモフがウズベク共産党第一書記に就任したその年、地中海のマルタ島において、米ソ間で冷戦終結が合意された。そして1991年、ロシア共和国がソ連からの脱退を決定したことで、ソ連そのものが音を立てて崩れ始めたのである。

未曾有の混乱は、しかしカリモフにとって追い風となった。もともと、ソ連共産党は広い国土の末端に至るまで支配できていたわけではなく、各共和国の共産党が各地の事実上の支配者であった。いわばカリモフは、モスクワのお墨付きをもらってウズベキスタンを支配していたわけだが、ソ連崩壊によって、中央に対して気兼ねする必要がなくなったのである。この状況は、中央アジア諸国にほぼ共通する。

１９９０年3月、共産党第一書記だったカリモフは、ウズベク・ソビエト社会主義共和国大統領に就任したが、6月にはウズベキスタンの主権を宣言し、さらに翌１９９１年には正式に独立宣言を発表する。そして自らの支配の下で、新憲法の策定を進めた。大統領に異常なまでに権力を集中した憲法は、「独裁者」が自らの支配を延命させるために作ったものだったのである。

その年の12月のウズベキスタン初めての大統領選挙では、かつての共産党幹部が結成し、いわば名称を変更しただけのＰＤＰＵ（ウズベキスタン人民民主党）の組織力を背景に、カリモフが86パーセントの得票を集めて圧勝した。

しかし、１９９１年大統領選挙は不透明性だけが目立つものであった。イスラーム系政党からの立候補者は選挙管理委員会に承認されなかった。さらに、唯一の対抗馬として立候補したＥＲＫ（民主党）のムハンマド・サリーの得票率が、公式には12・7パーセントと発表されながら、ウズベキスタン放送は33パーセントと伝えた。いわばこの選挙は、カリモフ主導で進められた体制転換のゴールであると同時に、その後の個人支配の始まりだったのである。

欧米諸国への接近

カリモフは反体制派を強権的に取り締まってきた。1991年から2004年までの間に「過激派」として収容されたムスリムは7000人以上に及ぶ。またマスメディアは政府の管理下にあり、民間メディアは独立以来、検閲が義務付けられている。1995年4月には、憲法改正の是非を問う国民投票に先立って、ERK機関紙の発行関係者が6名、相次いで摘発された。

ただし、1990年代の末から2005年頃までのカリモフには、部分的とはいえ、強権的な支配を修正する姿勢が見受けられた。

独立当初、ウズベキスタンでは「オリー・マジョリス」（国民議会）による一院制が採用され、その議席をほぼ全てPDPUが占める、事実上の一党制が続いた。しかし、2002年には上院にあたる「セナート」と下院にあたる「立法院」の二院制を導入する法案が成立し、2004年にはこれに基づく議会選挙が実施された。さらにまた、2002年からの2年間で、カリモフは大統領特権として、約2000人の政治犯に恩赦を与えている。

これらはカリモフが、ロシアと距離を置き、欧米諸国に接近した時期に符合する。

歴史的に関係が深いロシアからカリモフが距離をとり始めた転機は、近隣のタジキスタンで1992年から97年まで続いた内戦にあった。政府とイスラーム勢力との内戦が激化するなか、ロシア中心のCIS（独立国家共同体）は平和維持部隊を送ったが、これはタジキスタンにおけるロシアの影響力を強めた。ウズベキスタンは1999年にCIS集団安全保障条約から脱退しているが、これはロシアの影響力浸透を嫌ったカリモフの判断とみられる。

その後のカリモフが民主化や人権保護に部分的に着手したことは、欧米諸国との関係改善を念頭に置いたものといえよう。しかし、それは外部評価を高めるためのもので、カリモフの権力を実質的に制限することにはつながらなかった。

二院制に基づく2004年選挙では、23・4パーセントを得票したPDPUに代わって、有効投票の34パーセントを獲得したULDP（ウズベキスタン自由民主党）が第一党となった。しかし、二院制選挙に向けて設立されたULDPは、カリモフ本人を中心とする政党であり、PDPUを二つに分けたものにすぎない。

一方、独立系ジャーナリストのアンバー・ジュラドフ率いるJSDP（正義社会民主党）などの野党も議席を獲得したものの、議会の過半数は旧共産党系で占められているため、カリモフの権力は揺るがなかった。この時期のカリモフの改革は、自らの権力を脅かさない範囲で、欧米諸国からの批判を和らげるためだったのである。

「テロとの戦い」の恩恵

いわば形式的に民主化に着手する一方で、カリモフによる反体制派への弾圧は衰えるところはなかった。特にタジキスタンでの内戦に関与していたイスラーム主義者のグループが糾合し、1998年に結成されたIMU（ウズベキスタン・イスラーム運動）のテロ活動が、これに拍車をかけた。

カリモフによる弾圧はイスラーム国家の建設を目指して武力闘争に向かう強硬派だけでなく、独裁体制に批判的で平和的な手段を用いようとする穏健派にも向かった。そのなかで、弾圧とテロの悪循環も生まれてきたのである。

1999年、モスクの建設に政府の許可が必要になったことは、さらなるテロの呼び水となり、同年にはカリモフの暗殺未遂事件も発生している。さらに2002年5月、既存の検閲制度を撤廃したものの、その2日後には政府関係者の汚職や、野党およびイスラーム勢力に関する報道が禁じられた。これと並行して、独立系ラジオ局は放送権を剥奪されている。

しかし、カリモフによる反体制派、なかでもイスラーム勢力への弾圧に対して、欧米諸国は寛容だった。それはウズベキスタンが、カザフスタンやトルクメニスタンより少ないとはいえ天然ガスを産出することや、中央アジアの中央に位置するという戦略的重要性、さらに2001年以降の「テロとの戦い」に大きく関わっている。

カリモフは2001年、アフガニスタンで軍事作戦を行う米軍航空機のために、ウズベキスタン南部のカーシ・カナバッド基地を提供した。これは、ロシアに対する牽制であると同時に、イスラーム主義者への弾圧を批判されないための手段でもあった。

実際「テロとの戦い」が本格化するなかで、欧米諸国はカリモフに対する公式の批判を控えるようになる。2002年、タシケントにイギリス大使として赴任したクレイグ・マレーは、「過激派」と目される容疑者に熱湯をかけるなどの拷問が人権侵害に当たると公の場で批判し、2004年に解任されている。この人事は、当時アフガニスタンでアメリカと行動をともにしていたイギリス政府が、カリモフとの関係に配慮した結果とみられる。

現職の外交官が赴任国政府を直接的に批判すること自体、異例のことで、カリモフによる弾圧の苛烈さがうかがえる。同時に、マーレーの解任は、「テロとの戦い」を最優先にした欧米諸国が、自らに協力的な「独裁者」を黙認したことを意味する。

親米から親露への方針転換

その結果、世界銀行の統計では、2000年に3600万ドルだったウズベキスタンに対するアメリカの援助は、2002年には7400万ドルにまで急増している。

ところが、この蜜月は長く続かなかった。その契機は、ウズベキスタン東部の、キルギスとの国境付近にあるアンディジャンで発生した大規模なデモと、これに対する武力鎮圧である。

アンディジャンはウズベキスタンでも特に貧しく、国境が近いこともあって、IMUなどイスラーム勢力の活動が特に活発な地域である。2005年5月、ここで貧困や政府要人の汚職に抗議する市民のデモ隊に向かって治安部隊が発砲し、政府発表だけでも187名、OSCE（欧州安全保障協力機構）の報告書では300〜500名の死者が出たと報告されている。

その前年にマーレーのイギリス大使解任が注目を集めていたこともあり、アンディジャン事件は欧米諸国の反ウズベキスタン感情と同時に、カリモフと友好的な自国政府への批判へとつながった。

欧米諸国からの批判に対して、カリモフは「国内の治安維持」を理由にアンディジャンでの鎮圧を正当化する立場を崩さなかった。両者の対決姿勢が鮮明になるなか、事件からわずか2ヵ月後の2005年7月、カリモフはカーシ・カナバッド基地を閉鎖する命令を出した。11月までに米軍は撤退し、それと入れ替わるようにカリモフは、急激にロシア、中国への接近を図る。両国はアンディジャンにおけるウズベキスタン政府の対応を支持していたが、このうちカリモフは特にロシアとの関係を強化する。米軍が撤退した2005年11月にロシアと同盟条約を結んだほか、翌2006年6月にはCIS集団安全保障条約に復帰し、同年9月にはロシア軍と反テロ共同軍事演習を行っている。

ウズベキスタンを含む中央アジアに大国が先を争って進出するさまは、この地をめぐって19世紀にイギリスとロシア帝国が覇権を競った「グレート・ゲーム」の再来といわれたが、カリモフは最終的にロシアとの結びつきを選択したのである。

憲法無視の大統領選挙

ロシアとの関係を強化した後のカリモフには、より強権的な手法が目立つようになった。冒頭で取り上げた2007年大統領選挙で、もはや憲法の四選禁止条項との整合性について語られないまま立候補し、当選したことは、その象徴である。

この大統領選挙に選挙監視団を派遣したOSCEは、選挙が全く自由でも公正でもなかったと報告している。これに対して、CISの監視団は選挙結果を承認している。いわばロシアの庇護の下で、カリモフの独裁体制が存続しているのである。

カリモフ独裁を脅かす要素としては、IMUなどイスラーム過激派の勢力拡大があげられる。アンディジャン事件においても、その関与が指摘されていることから、過激なイスラーム主義者の活動は、それ以外の国民の間にも反体制的な気運を高める効果があるとみられる。

ただし、ロシアとの関係を強化したカリモフによるイスラーム主義組織に対する弾圧は、欧米諸国からの批判に大きく左右されることなく、より強硬になると予想される。これがテロや反体制運動をより活発化させる側面も否定できないが、その強固な支配体制による鎮圧や資源配分の能力を考えると、イスラーム主義組織が政権を転覆させることは容易でない。

カリモフは旧共産党の強固な組織の上に成り立つ「独裁者」である。ソ連時代からウズベキスタンでは、共産党幹部はサマルカンドやタシケントなど、出身地別の氏族ごとに通婚を重ね、血縁関係を保ってきた。これは旧共産党系組織の求心力をさらに強める要因となっている。1938年生まれのカリモフには、遅かれ早かれ後継者問題が俎上《そじょう》に載ることとなろうが、このような強固な支配体制を考え合わせれば、権力継承も比較的スムーズに進むことが予想される。

バッシャール・アル・アサド

Bashar al-Asad

1965年9月11日生まれ

シリア・アラブ共和国／大統領

テロ支援国家を率いる「細腕」の独裁者

静かなる強硬派

中東には数多くの「独裁者」がいるが、1965年生まれのシリアのバッシャール・アル・アサド大統領は、そのなかでとりわけ若い。

2001年にローマ法王ヨハネ・パウロ2世に、中世の十字軍がイスラーム世界に行った侵攻と虐殺について謝罪を求めた以外は、リビアのカダフィと異なり、対外的に派手なパフォーマンスは少ない。しかし、主にパレスチナ問題をめぐって、アサドは欧米諸国と最も敵対的な中東の「独裁者」の一人である。

アサドはレバノンの「ヒズボラ」やパレスチナの「ハマース」といったイスラーム過激派を支援しているだけでなく、アル・カイダをはじめとする国際テロ組織の潜伏を容認してきた。さらに、イラクの旧フセイン政権関係者を多数かくまっているともいわれる。

その一方で、アサドはロシアとの協力関係を保っている。シリアは伝統的にロシアと近く、CIS以外でロシア軍が基地を置く唯一の国である。2008年、グルジア領南オセチアでの分離独立運動にロシア軍が出動し、欧米諸国から非難を集めた際、アサドはメドヴェージェフ大統領を公式訪問し、ロシアの立場を支持している。派手なパフォーマンスには乏しいが、ロシア以外にも北朝鮮やイランといった反欧米諸国と友好関係をもつアサドは、いわば中東における「静かなる強硬派」なのである。

これらにより、シリアはアメリカ政府から「テロ支援国家」に位置づけられている。また、アサドは非民主的な大統領として、たびたび批判の対象になってきた。

シリアでは、一院制の人民議会が一人の大統領候補を選抜し、国民投票でこれを承認する。任期7年の大統領に再選制限はない。したがって、アサドは存命中は、大統領のポストに居続けることが可能なのである。

アサドは首相をはじめとする閣僚の任免権をもつだけでなく、必要に応じて、議会の閉会中に立法権を行使することもできる。さらに、アサドが生まれる以前の1963年から、シリアでは非常事態令が敷かれているが、これは議会をバイパスして大統領の政令を出しやすくしている。

議会の議席は、ほとんどがアサドが支配するバアス党が占めている。シリア憲法ではバアス党は「国家を指導する政党」と規定されており、他に議席をもつシリア共産党などは、その衛星政党に過ぎない。政府に批判的な意見は、封殺されているのである。

「独裁者」になる予定のなかった男

しかし、アサドはもともと、大統領になるはずのない人物であった。

アサドは1965年、首都ダマスカスに生まれた。当時、父親のハーフェズ・アル・アサドは、その2年前に誕生したバアス党政権のもとで国防相を務めていた。しかし、1970年、父ハーフェズがバアス党内部の勢力争いのなかでクーデタを敢行して実権を掌握し、翌1971年に大統領に就任したことが、アサドの運命を大きく変える。

父・ハーフェズこそは、シリアの初代にして息子・アサドをはるかに上回る「独裁者」であった。ハーフェズは1973年の第四次中東戦争でイスラエルに占領されたゴラン高原の奪還を目指す一方、軍や情報機関に対する圧倒的な支配力を背景に、反体制派を徹底的に取り締まった。なかでも、「ムスリム同胞団」などのイスラーム勢力は、厳しく監視・弾圧された。

ハーフェズは「ダマスカスのスフィンクス」と呼ばれるほどの深謀遠慮ぶりで知られた。世俗主義を掲げ、国内でイスラーム勢力を弾圧しながらも、対イスラエル闘争の必要性から、ヒズボラやハマースといったイスラーム主義組織を支援し続けたのは、その典型である。さらに、レバノン内戦が終結した直後の1990年に1万人以上の兵員をレバノンに駐留させ、実質的な支配を敷いた。これはイスラエルに対する緩衝材としてレバノンを利用するためだった。

このように、「テロ支援国家」と目される活動を開始し、さらに強権的な支配体制を築き上げたのは、ひとえに父・ハーフェズであった。ところが、ハーフェズにとって最大の誤算は、後継者問題であった。ハーフェズの後継者と目され、軍や情報機関、バアス党内部での立場を築いた長男バースィル・アル・アサドが、1994年に交通事故で死亡したのである。暗殺説も飛び交ったが、いずれにせよハーフェズは急遽、次男バッシャールを後継者にすることに決めた。

しかし、バッシャール・アル・アサドは、兄弟間での権力闘争を回避したい父・ハーフェズの意向もあって、政治からかけ離れた生活を送っていた。

兄・バースィルが死亡したとき、アサドはロンドンにいた。ダマスカス大学で医学を修めた後、眼科医としての技術を磨くため、1992年から留学していたのである。

この来歴からもみてとれるように、多くのウォッチャーは、アサド自身に政治的野心や意志の強さといった「独裁者」に特有の性質が薄いだけでなく、その意思もなかったとみている。ともあれ、兄の死と父からの要請を受けて、それまでの本人の意向にかかわらず、アサドは「独裁者」への道を歩むこととなったのである。

「独裁者」への地ならし

しかし、それまで政治とほぼ無縁であったアサドを後継者とすることに、政権内部からは不安や不満が噴出した。これに応えるように、バースィル死亡の直後から、アサド父子は二代目「独裁者」襲名に向けた地ならしを始める。

他の多くの独裁国家と同様に、シリアでも支配においては、軍や情報機関への影響力が不可欠である。アサドは1994年、ロンドン留学を切り上げてシリアに戻り、陸軍に入隊した。さらに同年、ホムス士官学校に入学している。卒業後、機甲師団司令官となり、順調に階級を上げて、1999年までに大佐に昇進している。

この後、ダマスカスの防衛を担う「共和国防衛隊」の指揮権を握ったほか、政治的な実績を積むために、レバノン問題担当大統領顧問として、父・ハーフェズに仕えている。さらに、ロンドンに留学経験があり、英語とフランス語を話せる新時代の指導者として印象付けるため、ハーフェズは情報技術協会を設立し、息子をその会長に就任させた。

段階的に後継者としての地歩を固める一方で、この後継指名に反対する者は、古参の実力者といえども排斥された。アリー・ハイダル前特殊部隊司令官をはじめ、アサドの権力継承に批判的だった軍人の多くは、逮捕や降格といった処分を受けた。

こうして権力継承のための地ならしが完了した2000年6月、ハーフェズは心臓発作で急死した。既定路線に従い、その翌日にはアサドが陸軍大将、軍総司令官に任命され、さらにその1週間後にはバアス党書記長に就任した。7月には人民議会で大統領に選出され、国民投票によって承認された。その結果、「独裁者」になる予定のなかった「独裁者」が、誕生したのである。

大統領就任後、アサドは改革を訴えて新たな内閣を組閣した。父・ハーフェズのもとで長く首相を務めたマフムード・ズウビー率いる内閣は総辞職に追い込まれ、代わってアレッポ県知事だったムスタファー・ミールが首相に任命された。従来、内閣は大統領が外務、国防、情報など主要閣僚を選出し、他の閣僚は情報機関が選出した者が選ばれていたが、ミール内閣の人選はアサドが直接行った。父・ハーフェズとの違いを打ち出すとともに、自らの権力基盤を強化しようとしたアサドの意図がうかがえる。

ダマスカスの春

権力を継承したアサドは、パレスチナ問題やゴラン高原をめぐって対立してきたイスラエルや、これを支援してきたアメリカとの敵対関係を原則的に維持する。しかしその一方で、軍や治安機関に重点を置いた、父・ハーフェズの強権的な支配からのシフトを図った。

アサドは2001年にイギリス生まれのシリア人女性アスマー・アフラスと結婚した。アスマーはイスラームの多数派であるスンニ派信者で、これは重要な意味を含んでいた。

シリアでは、国民の約75パーセントがスンニ派に属する。しかし、アサド一族をはじめとする政府や軍の高官は、少数派であるシーア派の分派アラウィー派が占めてきた。アラウィー派による支配は、スンニ派の不満の温床となり、反体制派の求心力となっていた。

スンニ派であるアスマーとの結婚は、宗派対立を力ずくで抑えてきたハーフェズ時代からの転換を印象付けた。

これに加えて、アサドは父・ハーフェズの支配と一線を画した政治改革に着手した。大統領就任直後の2000年9月、アサドは政治犯の収容で悪名高かったメッサ刑務所を閉鎖する命令を出した。これに併せて、600名の政治犯が釈放された。さらに翌2001年、アサドはインターネットを導入し、インターネットカフェもオープンした。

もちろん、「独裁者」アサドが自らの支配を根底から覆すことはなく、これらの改革は反体制派の不満をガス抜きするにとどまった。しかし、ハーフェズによる強権的な支配のもとで常態化していた人権侵害が、部分的にではあれ、改善されたのは確かである。そのため、大統領就任直後のアサドによる改革は、国内の反体制派や欧米諸国から「ダマスカスの春」と呼ばれた。

その一方で、就任直後のアサドは、堅牢なハーフェズ体制を支えてきた政治家、軍人、官僚による汚職を追及する姿勢を強めた。

2001年5月、前首相のズウビーが自宅で拳銃自殺をした。ズウビーは首相解任後、公金横領の罪で起訴されており、その資産は凍結されていた。ズウビーが自殺したのは、逮捕される当日であった。ハーフェズによる支配を支えたズウビーは、反汚職を掲げるアサドによって追い詰められていたのである。

ハーフェズ体制について多くを知るズウビーが、裁判の場などで「余計なことまで言わないように」暗殺されたという説もあるが、真偽は定かでない。

細腕の「独裁者」

「ダマスカスの春」と呼ばれたアサドの改革は、しかし2003年頃から停滞し始める。もともとアサドには政治経験が少なく、ハーフェズと異なり政権内部での支持基盤も磐石とはいえない。政権内部には、ハーフェズ時代からの政治家、軍人、官僚らがまだ残っていた。汚職撲滅運動は彼らにとって、大きな脅威であり、体制内部での抵抗を生んだ。

2003年のアメリカ軍などによるイラク攻撃もまた、大きな転機となった。大統領就任以来、アサドはアメリカとの関係を劇的に改善することはなかったが、トルコと友好関係を樹立するなど、国際的孤立を回避してきた。しかし、「テロとの戦い」によってアメリカは「テロ支援国家」シリアへの圧力を強める。シリア国内からイラク領内へ出撃する武装勢力を取り締まらなかったことも、アメリカとの関係を悪化させた。

その一方で、２００３年から２００４年にかけて、グルジアの「バラ革命」やウクライナの「オレンジ革命」など、市民の抗議運動によって独裁的な政権が崩壊する、いわゆる「花の革命」（色の革命）の連鎖反応が起こったことは、シリアや隣国レバノンでも改革を求める気運を高めた。２００５年、１９９０年以来レバノンに駐留していたシリア軍が撤退した。これは、シリアによる占領に批判的なレバノンの民主化勢力が「花の革命」に触発されて台頭したこととともに、欧米諸国からの圧力の結果である。

逆風が吹くなか、アサドは民主化に向けて、大きく舵を切ることはできなかった。それはハーフェズ時代からイスラエルやアメリカと対峙してきた、自らの支配の正当性を損なうものであった。

このようなジレンマのなかで、結果的にシリアでは「春」の反動が生まれた。２００６年には「反体制派」と目された人間の移動が制限された。ＡＢＣのインタビューにアサドは「拘禁されている政治犯はいない」と明言しているが、米紙『ニューヨーク・タイムズ』は２００７年12月だけで30人の政治犯が逮捕されたと伝えている。さらにまた２００７年には、インターネットカフェにアクセス記録を保管する義務を負わせる法律が施行された。これらはいずれも、シリアにおける反体制派の取り締まり強化を物語る。

ただし、これがどこまでアサド自身の意図に沿うものかは定かでない。2007年に大統領に再任されたアサドは就任演説で、メディアへの検閲を定めた法律の見直しを、人民議会で諮らせると述べた。しかし、2011年7月現在、法律改正は行われていない。

しかし、この演説が方便だったわけではなく、体制の引き締めを図るハーフェズ時代からの既得権益者層の抵抗によって、アサドが自らの意図に沿って政策を実施できないとみるのが妥当だろう。アサドは公式に大きな権力を認められていても、政権の全てを実質的には支配できない、細腕の「独裁者」なのである。

10万人規模のデモで400人以上の死者

2010年の末にチュニジアで発生した、独裁体制に対する市民の抗議デモの影響は、中東・北アフリカ一帯に波及したが、シリアもこの例外ではない。

2011年2月1日、アサドは米紙『ウォール・ストリート・ジャーナル』のインタビューに答えて、「政治改革を行う予定」を強調する一方で、「政府と国民が反米、反イスラエルで結束している」と述べ、近隣諸国の変動がシリアに及ぶことはないという見通しを示した。また、そのなかで「急激な変動が生産的でないだけでなく、混沌をもたらす」として、政治的要求の噴出に警戒感を露にした。

しかし、3月に南西部のヨルダン国境に近いダラアで10万人規模のデモが発生した。治安部隊が鎮圧に乗り出し、400名以上の死者が出たと伝えられている。これを皮切りに、各地で大規模な抗議デモと武力鎮圧の連鎖が生まれている。

一連のシリア政府の武力鎮圧に対し非難を強めた欧米諸国は、8月18日にアサドに退陣を求めた。いかなる国であれ、国家元首に対し外国政府が退陣を要求するのは異例のことで、アサドはこれを拒絶。

さらに8月22日には、国連人権理事会から5ヵ月間で2200人以上の市民が死亡したという報告があり、国連でシリア制裁が検討されている。ただしサウジアラビアなどが賛成する一方、中国やロシアは「内政不干渉」を理由にアサド支持を明言している。中露の側面支援だけでなく、シリアは核開発を進めるイランと同盟関係にあり、欧米諸国も軍事介入には慎重だ。ただし、アサド包囲網は着実に狭まりつつある。

リビアと同様に、シリアも反体制派はイスラーム主義組織、学生、クルド人など、多様な主張を掲げる勢力によって構成されている。仮にアサド政権が崩壊した場合は、アサド自身が示唆したように、少なくとも短期的には、混沌をもたらす公算が大きい。

テオドロ・オビアン・ンゲマ

Teodoro Obiang Nguema Mbasogo
1942年6月5日生まれ
赤道ギニア共和国／大統領

神か、食人鬼か。
謎に包まれた独裁者

神か、食人鬼か

赤道ギニアはアフリカ西部のギニア湾に面する、人口70万人足らずの小国である。同国のテオドロ・オビアン・ンゲマ大統領は、アメリカのジャーナリストであるピーター・マースによって、「ジンバブエのムガベ以上に最悪の独裁者」と評されている。

1979年のクーデタで政権を奪取して以来、赤道ギニアを支配してきたンゲマは、民主化を要求する勢力や少数派エスニシティに対して、苛烈な弾圧を行ってきた。2007年3月、逮捕・拘禁中だった、非合法化されている政党のメンバーがブラック・ビーチ刑務所で死亡した。当局は「ベッドから落ちて打ち所が悪かった」と発表したが、2008年のアメリカ国務省報告書では、拘禁中の政治犯が同じような理由で死亡するケースは数え切れない。

ンゲマ率いる赤道ギニアでは、極度に閉鎖的な体制が敷かれている。首都マラボは世界各国の首都のなかでほぼ唯一、日刊紙が発売されていない街である。テレビは国営のみで、唯一認められている民間ラジオ局は、ンゲマの息子が経営している。外国人の入国は厳しく制限されており、街中での写真撮影には許可が必要である。

2003年7月、国営ラジオはンゲマが「全知全能を備えた者である」と伝えた。これはンゲマが神に等しいと言ったも同じである。さらにンゲマを礼賛するこの番組では、「大統領は誰からも説明を求められずに、相手を殺すことを決定できる。またそれによって地獄に行くこともない。なぜなら彼自身が神だからである」とも続けられた。

自らを神と同列に置く、およそ前近代的な個人支配の一方で、赤道ギニア国内では、ンゲマに対する不穏な噂が絶えない。ンゲマが人肉を好んで食べているというのである。この噂の発祥元は定かでなく、事実か否かも確認できない。しかし、こんな噂が広がること自体が、ンゲマの影響力の大きさを物語る。

赤道ギニアで人口の80パーセントを占めるファン人の間では、食人は相手の力を取り込む、一種の呪術と捉えられる。これはアフリカでは珍しくなく、食人を常としているという噂は、否定的な意味よりむしろ、ンゲマに対する畏怖の念を人々に広める効果の方が大きいのである。

1971年から1979年までウガンダを支配したイディ・アミンは、やはり「神（アッラー）のお告げ」を根拠に少数派エスニシティや外国人を排斥し、さらに人肉を食べていたといわれる、アフリカの歴史上最悪の「独裁者」の一人である。神がかりや食人の噂という、いわば常軌を逸した「独裁者」として、ンゲマはアミンを想起させる。

クーデタで独裁者の叔父を打倒

ンゲマは、スペインによる植民地統治時代の1942年、赤道ギニア東部のアコアカンに生まれた。その前半生についてはほとんど知られていないが、軍隊に入隊した後、スペインのサラゴサ士官学校で学んだことは確認されている。

1968年、赤道ギニアはスペインから独立した。初代大統領はンゲマの叔父、フランシスコ・マシアス・ンゲマであった。マシアスはンゲマの生誕地アコアカンがあるモンゴモ市長などを務めた一方、共産主義思想に基づいて、植民地支配に批判的な運動を展開した。

しかし、マシアスも独立の英雄が「独裁者」となるパターンから逃れられなかった。ソ連と接近したマシアスは1970年、自らが率いる労働者国民統一党以外の政党を禁止し、一党制を確立した。その後、自らを「たぐい稀な奇跡」と称し、1972年には終身大統領に就任している。

1975年12月25日には約150名の政治犯をフットボールスタジアムに集め、当時世界的にヒットしていたメリー・ホプキンの「悲しき天使」を拡声器で流すなか、「クリスマスの祝砲として」全員を銃殺刑にするなど、マシアスの独裁はエスカレートの一途を辿った。この状況下、10万人以上の国民がスペインや近隣諸国に逃れたが、これは当時の赤道ギニア人口の約3分の1にあたる。

ンゲマは陸軍中尉として、さらに政治犯を収容するブラック・ビーチ刑務所の所長として、このような「独裁者」である叔父を支え続けた。しかし、ついに1979年8月、ンゲマ自身がクーデタを敢行し、マシアス体制を打倒したのである。

軍事政権を発足させ、自らその首班となったンゲマは、マシアスら旧政権幹部を逮捕し、特別軍事法廷での審理にかけた。９月29日、虐殺や大規模な人権侵害を主導したマシアスは「１０１回の死刑」に値すると処断され、同日夕方には銃殺刑に処された。赤道ギニア人兵士がマシアスの「呪術的な能力」を恐れたため、モロッコ人傭兵が射殺したと伝えられる。

こうして、「独裁者」たる叔父を排除したンゲマは当初、マシアスより穏健な支配を行うものと内外から期待されていた。しかし、１９８２年に民政移管を発表したンゲマは、ＰＤＧＥ（赤道ギニア民主党）による一党制を敷き、７年制の大統領に自ら就任した。そして、治安部隊や秘密警察を使い、野党や少数派エスニシティを弾圧し始めたのである。民政移管は、マシアスと変わらない、ンゲマの「独裁者」への道を開く第一歩だった。

小国の大富豪

１９８９年の冷戦終結により、欧米諸国はアフリカ諸国に対して民主化を要求するようになった。ンゲマもこれに反応せざるを得なくなり、赤道ギニアでは１９８９年に初めて普通選挙による大統領選挙が行われ、さらに１９９６年には新憲法に基づいて複数政党制による選挙が実施された。

しかし、これらは基本的に、民主化を求める欧米諸国への配慮から、ンゲマ自身の主導で行われたものであった。新憲法の一方的な策定や恣意的な選挙運営に野党は反発し、これをボイコットする事態となった。しかし、ンゲマは1996年選挙を強行し、98パーセント近い票を得て当選したのである。

ンゲマは2002年、2009年の大統領選挙では、それぞれ95パーセント以上の票を得た。さらに、2011年6月現在、議会の100議席のうち、99議席はンゲマのPDGEが占めている。赤道ギニアの憲法では、大統領は首相の任免権のほか、議会の解散権ももつ。議会は事実上、ンゲマの決定の追認しかできないのである。

絶対的な権力を背景に、ンゲマはいわば合法的に野党を弾圧している。最大野党PPGE（赤道ギニア進歩党）の党首セベロ・モト・ヌサに武器不法所持の嫌疑をかけ、その政治活動を禁止したことは、その典型である。モト・ヌサがスペインに亡命すると、追い討ちをかけるように、裁判所は国家反逆罪で懲役101年を命じた。

このように政治権力を独占するンゲマは、一方で世界有数の資産家でもある。2006年5月、米誌『フォーブス』はンゲマを「世界有数の資産家である国家元首」の一人に数え、その資産を約6億ドルと試算した。

ンゲマの資産は、赤道ギニアが産出する豊富な石油によって支えられている。同国の産業はスペイン植民地時代からカカオ豆栽培などの農業が中心であったが、1992年に油田が発見され、2011年現在でアフリカ第3位の埋蔵量が確認されている。

その豊富な石油収入は、赤道ギニアに巨額の富をもたらした。UNDP(国連開発計画)の統計によると、赤道ギニアにおける1970年から2008年までの一人当たりGDP成長率は8・5パーセントに上り、これは中国(7・9)やタイ(4・4)を上回る。また、2008年段階の赤道ギニアの一人当たりGDPは2万8103ドルで、アフリカ平均の1233ドルを大きく凌ぐ。

しかし、ンゲマは石油収入の恩恵を国民にほとんど還元していない。2000年から2007年までの赤道ギニアにおける教育、医療関連のそれぞれの予算の対GDP比は0・6パーセント、1・7パーセントに過ぎず、これはアフリカ随一の貧困国ニジェールの3・7パーセント、2・8パーセント、あるいはアフリカ屈指の産油国であるアンゴラの2・6パーセント、2・0パーセントと比較しても少ない。

では、石油収入はどこへ消えているか。2003年、ンゲマは国民に対して、「官僚らの汚職から国民の資産を守るため」として、国庫から5億ドル以上をワシントンD.C.

にあるリッグス銀行の個人口座に移すことを発表した。これは事実上、国家資産の私物化にほかならない。

アメリカとの関係改善

しかし、ジンバブエのムガベやスーダンのバシールと異なり、ンゲマは国際的な批判にほとんどさらされない。これは行為の程度の問題というより、超大国アメリカとの関係によるところが大きい。

油田が発見された翌1993年から、ンゲマとアメリカの関係は冷却期に入った。赤道ギニアに駐在していたアメリカ大使ジョン・ベネットが「呪術」を行ったという嫌疑をかけられ、殺害予告が送りつけられたのである。ベネットによると、脅迫者のなかには現職の国防相らがいたという。いずれにせよ、ベネットは1994年にマラボを離れ、その後アメリカ大使館は閉鎖された。

ところが、2001年のアメリカ同時多発テロ事件を契機に、この冷え切った関係は一気に改善された。中東諸国との関係見直しを図ったジョージ・ブッシュ大統領（当時）は、エネルギー供給地の多角化を進めるなかで、アフリカ第3位の産油国である赤道ギニアと

いる。

ンゲマはこれに敏感に反応した。2004年6月、ンゲマはワシントンD.C.を訪れ、コリン・パウエル国務長官（当時）やスペンサー・エイブラハム エネルギー長官（当時）らと会談している。これはその後、エクソンモービルなどのアメリカ系石油企業が相次いで赤道ギニアに進出するきっかけとなった。

もちろん、アメリカとの関係が一朝一夕に改善したわけではない。特にンゲマと距離を縮めた政府に対して、アメリカ議会は批判を強めた。2003年には、議会上院がンゲマの個人口座を開設しているリッグス銀行に対する調査を行い、同行が不正なマネーロンダリングに関与しているという報告書を提出している。

しかし、ムガベやバシールと異なり、アメリカ国内にあるンゲマの個人資産を凍結する法案は、議会で成立しなかった。ンゲマはアメリカ議会対策として、著名なロビー会社「キャシディ&アソシエイツ」に少なくとも月額12万ドルの資金を投じており、これが自らに不利な法案の作成を阻んでいるとみられる。

ンゲマの対アメリカ関係改善のハイライトは、2006年3月のワシントンD.C.公式訪問だろう。コンドリーザ・ライス国務長官（当時）と握手して、「よい友人」であることを強調したシーンは象徴的であった。中東以外からの石油確保に血道をあげたブッシュのもとで、ンゲマはアメリカとの関係を一気に改善するとともに、内政への介入を遮断することに成功したのである。

「戦争の犬たち」

その一方で、2000年代に入って、旧宗主国スペインなどでンゲマによる人権侵害を批判する声が上がり始めた。さらに、PPGEのモト・ヌサが、2003年にマドリードで赤道ギニア亡命政府を樹立し、ヨーロッパにおける反ンゲマの世論はますます高まった。

これを背景に、2004年3月に赤道ギニアで反ンゲマのクーデタ計画が発覚した。首謀者サイモン・マンは、かつてイギリス軍特殊部隊に所属していた軍人で、退役後は民間軍事企業「エグゼクティブ・アウトカムズ」社の傭兵として、アフリカ各国の内戦鎮圧などに従事した経験をもつ。

クーデタ計画そのものは未遂に終わったが、首謀者がイギリス人傭兵だったことは、ヨーロッパ諸国と赤道ギニアの確執を深めた。マンは、計画が失敗した直後にジンバブエで逮捕され、34年の禁固刑を言い渡された（2009年11月に恩赦で釈放）。さらに2004年8月には、マーガレット・サッチャー元イギリス首相の息子マーク・サッチャーが、このクーデタ計画に資金を提供していた嫌疑で南アフリカで逮捕された。これらは、国際的スキャンダルに発展した。

このクーデタ未遂事件を受けて、ンゲマは国連総会でスペイン政府を激しく非難した。ンゲマを排除し、モト・ヌサを大統領に据えるために仕組んだ策謀だったというのである。クーデタ未遂の直前、スペイン海軍の2隻の艦艇が赤道ギニア近海で停泊していた。さらにまた、マンやサッチャーを通じて情報を得ていたイギリス政府が、ンゲマにクーデタ計画を伝えていなかったことも発覚し、「ヨーロッパ諸国によるクーデタ策謀」説は信憑性を帯びた。

しかし、スペイン政府は一切の関与を否定し、イギリス政府は意図的なものでないとしながらも、事前情報を伝えなかったことについては謝罪するなど、影響は各国に広がった。

仮にこれが、ンゲマの主張するように、ヨーロッパ各国が連携して仕組んだクーデタ計画だったとすれば、イギリスのスパイ小説家フレデリック・フォーサイスの『戦争の犬たち』を思い起こさせる事件である。そう考えると、ヨーロッパ諸国の目的は、アメリカ企業に先行される赤道ギニアの油田開発に、モト・ヌサを押し立てて参入することにあったという推測も成り立つ。

いずれにせよ、ンゲマはこの後、国際社会に対する露出度を高めるようになる。２００７年10月、ンゲマはＵＮＥＳＣＯ（国連教育科学文化機関）の年次総会において、３００万ドルを拠出し、「生命科学の研究に関するＵＮＥＳＣＯ－オビアン・ンゲマ国際賞」を設立することを提案した。ＵＮＥＳＣＯでは「３００万ドルは国内の初等教育や医療を充実させるために使うべき」という批判もあったが、結局「国際賞」の導入は決定したのである。

科学や教育の発展という、誰もがその価値を否定できない領域において、自らの名を冠した賞を創設した目的は、国際社会におけるンゲマの認知度を高め、「独裁者」として排斥されにくくするためといえよう。ただし「国際賞」の授与は、国際的な批判の高まりもあり、２０１０年10月に無期限延期されている。

40人の子をもつ、磐石の支配者

少なくとも予想される将来において、石油収入を私物化し、自らを神と同列に扱う「独裁者」ンゲマによる支配を脅かす要素は見当たらない。

国内の反体制派は超法規的な治安部隊によりほぼ無力化されており、選挙が実施されても、ボイコットすることしかできていない。ヨーロッパ諸国を味方につけたモト・ヌサの亡命政府も、国際世論の喚起はできても、それ以上のことはできていない。赤道ギニアの油田開発でアメリカの後塵を拝しているスペインやイギリスにしても、何度も危ない橋は渡れない。ンゲマの支配は、ほぼ磐石といってよいのである。

2011年6月5日で69歳になったンゲマにとって、唯一の不安材料は自らの後継者問題だけとなる。

ンゲマの家族構成には不明な点が多く、一夫多妻制のもとで、一説には40人の子どもがいるともいわれる。このうち、確認されているのは、長男テオドロと、第二夫人の長男ガブリエルの二人である。

このうち、テオドロは欧米諸国で豪華な生活をしている。2006年にはビバリーヒルズに3500万ドルの豪邸を購入したが、この際にローンを組んだのがリッグス銀行であった。いずれにせよ、その放蕩ぶりからテオドロは後継者レースから外され、本人もその意思が薄いと伝えられる。一方、ガブリエルは赤道ギニアから離れず、唯一の民間ラジオ局を保有し、父親に代わってスポークスマンを公式に務めるなど、政府のなかでの地歩を固めつつある。

そのパーソナリティについてはほとんど知られていないが、順当にいけばガブリエルがンゲマの後継者となることは、ほぼ確実である。その場合、マシアスを追い落としたンゲマが、叔父と同様に圧政を敷いたように、それがガブリエルにも「遺伝」していく可能性は、極めて大きいといえよう。

アレクサンドル・ルカシェンコ

Aleksandr Lukashenko

1954年8月30日生まれ

ベラルーシ共和国／大統領

ナショナリズムに溢れた ヨーロッパ最後の独裁者

「強いソ連」への憧憬とナショナリズム

ベラルーシはソ連崩壊にともなって１９９１年に独立宣言をした小国で、ロシアとポーランドに東西を挟まれた、ヨーロッパの東の果てにある。１９９４年以来、その大統領であるアレクサンドル・ルカシェンコは「ヨーロッパ最後の独裁者」と呼ばれる。

就任以来、ルカシェンコには「強いソ連」への憧憬《どうけい》から、その復活を求める言動が目立つ。その象徴は、ルカシェンコ自身が推し進め、１９９９年12月に発効したロシア・ベラルーシ連邦国家創設条約である。ロシアとの間で政治、経済、軍事の各方面にわたって段階的に統合を目指すこの条約は、ソ連復活のための一里塚と解釈できる。

ただし、国力の差を全く度外視して「対等の合併」を強調しているため、その後はほとんど進捗していない。ロシアの保守派からは、ルカシェンコ自身がロシアの大統領になりたがっているだけという観測も漏れている。

ソ連の復活を目指す一方で、ルカシェンコはベラルーシとしてのナショナリズムを鼓舞し、自らの支持基盤であるＢＲＹＵ（ベラルーシ共和国青年団）などに第二次世界大戦戦勝記念セレモニーを開催させるなど、青少年への愛国教育の普及に努めている。

そのナショナリズムは、時に極端な形で現れる。２００５年には、「ベラルーシにも美人がいる」という理由で、首都ミンスクから外国人の女優やモデルが写った看板を全て撤去させた。「国内の美人に金を払えばいい」という主張であった。また、スポーツ好きで知られるルカシェンコは自らオリンピック委員会議長となり、長野オリンピックにも非公式で訪れてベラルーシ選手を応援している。

ソ連への憧憬とナショナリズムの交錯は、その経済運営にも表れている。ベラルーシは他の旧ソ連構成国と比較しても、経済に対する国家管理の割合が高く、労働者の約50パーセントは国営企業で雇用されている。また、食料品や生活用品が免税なうえ、政府からの補助金によって安く抑えられている。

これらの、いわば向こう受けのする政策で、ルカシェンコには農村住民や低所得層を中心に幅広い支持者がおり、彼らからは親しみを込めて「親父」とも呼ばれている。

その一方で、ルカシェンコは野党やその支持者に対して、容赦ない弾圧を繰り返してきた。2010年大統領選挙では、ルカシェンコを含む10名が立候補したが、選挙期間中にこのうち2名が警官に殴打されて重傷を負ったほか、1名が拉致されて行方不明になった。これに抗議する1万人の集会が開かれるのを尻目に、ルカシェンコは勝利を宣言した。

ここまで露骨な選挙介入は、いまや旧ソ連圏の東ヨーロッパでも稀であり、ルカシェンコは確かに「ヨーロッパ最後の独裁者」なのである。

アウトサイダーとして

ルカシェンコは1954年、ソビエト連邦白ロシア共和国に生まれた。母親の婚外子として生まれ、父親のいない家庭で育ったため、幼少期に周囲から疎外されたと伝えられており、この生い立ちが権力をひたすら追い求める「独裁者」を生む土壌になったとも考えられる。

成人後は、1975年にモギリョフ教育大学歴史学部を卒業した後、国境警備隊やソビエト陸軍などで勤務した。除隊した1982年から3年間、ソ連のソフホーズ（国営農場）で副支配人を務めた。その傍ら、ベラルーシ農業アカデミーで経済学を学び、1985年に卒業した後には、ソフホーズの支配人などを務めた。

この頃、ベラルーシは冷戦終結とソ連崩壊の激動期に直面していた。そのさなか、ルカシェンコは、1990年に誕生したベラルーシ最高会議の議員に立候補して当選する。最高会議においてルカシェンコは、ソ連解体とCIS設立にただ一人反対した。ルカシェンコの「強いソ連」への郷愁は、当初から一貫したものだったのである。

議員となったルカシェンコは、かねてから蔓延していた汚職に厳しい姿勢を示し、1993年に議会反汚職委員会の議長に就任する。その年のうちに、ルカシェンコは70人の政府、議会関係者を「国家の資産を不正に取得した」嫌疑で告発したが、そのなかには国家元首に相当する最高会議議長スタニスラフ・シュシケヴィチも含まれていた。同年、シュシケヴィチは議長を解任されている。

汚職に厳しく、最高会議議長をも追い詰めたルカシェンコは、急速にその知名度を高めた。なかでも共産党員以外の、所得が低い階層の支持を集めることに成功し、その余勢を駆って翌1994年7月、ベラルーシ初の大統領選挙に立候補する。

大統領選挙には、ルカシェンコやシュシケヴィチを含む6人が立候補した。ルカシェンコは、共産党とは無縁の経歴を強調する一方、汚職の嫌疑がかけられたシュシケヴィチらを暗に指して「マフィア打倒」を選挙スローガンに掲げた。共産党や既存の政治家と自らの間にある差異を意図的に宣伝することで、ルカシェンコは「市民の味方」のイメージを構築したのである。

この選挙戦略が功を奏し、わずか40歳にしてルカシェンコは、独立間もないベラルーシの大統領に就任したのである。

国民に支持される「独裁者」への転進

少なくとも、その時点では、ルカシェンコが国民に幅広く支持されていたことは確かである。しかし、その後は、自らの権力の拡大をひたすら求める「独裁者」へと変貌していく。その端緒は、1996年の国民投票にあった。

その前年に、ルカシェンコは議会解散権など大統領の権限を大幅に強化する内容の提案を行っていた。これに対して議会は反発を強め、199名の議員のうち70名がルカシェンコを弾劾する署名を行うなど、政治対立が深刻化していた。

そして国民投票の結果、70・5パーセントの賛成を得て憲法は改正され、ルカシェンコの権力は急激に大きくなったのである。議員や官僚の汚職に対する国民の不信感を利用することで、ルカシェンコは合法的に自らの権限を強化したのである。

憲法修正の直後、ルカシェンコは議会を召集し、議員に自らへの忠誠を求めた。しかし、これに応じた議員は最終的に40名足らずだった。ところが、さらにその直後、ルカシェンコは議会を閉鎖し、恭順を示した議員すらも政治的に排除したのである。

これには野党だけでなく、欧米諸国からも強い批判が寄せられ、ルカシェンコの対外姿勢は徐々に強硬になる。1998年4月、ルカシェンコはミンスクのドラズディ複合ビルを国有化し、ここに入っていた欧米諸国の大使館に退去を迫った。これは事実上、大使館を強制的に閉鎖したに等しい。

これ以降、ルカシェンコと欧米諸国の対立はエスカレートの一途を辿る。2001年の大統領選挙で、生活水準の向上、産業の育成、雇用の確保などを訴えたルカシェンコが再選されると、監視団を送ったOSCE（欧州安全保障協力機構）は野党系候補に対する妨害などが頻繁に発生したとして、選挙が「国際的な基準を満たしていない」と批判した。

しかし、その神経を逆なでするかのように、ルカシェンコは2004年に大統領の三選禁止を定めた憲法改正のために、再び国民投票を実施した。国民投票では、79・42パーセントの賛成で憲法改正が承認され、ルカシェンコは2006年選挙に立候補できることになったのである。

こうして個人支配を推し進めたルカシェンコは、その後2006年、2010年（2011年に実施予定だったものが前倒しで行われた）の、いずれの大統領選挙でも、それぞれ84・2パーセント、79・65パーセントの得票で圧勝している。ルカシェンコは反対派を力ずくで押さえ込みながら、選挙を通じて個人支配を確立していったのである。

若者に根を張る「独裁者」

同じく旧ソ連でトルクメニスタンのベルディムハメドフやウズベキスタンのカリモフが、旧共産党系の強固な組織にのっとって独裁体制を敷いているのと違い、ルカシェンコは彼個人のパフォーマンスや向こう受けのする政策によって権力を維持してきた。ベラルーシ政府公式サイトにある経歴紹介が、「ルカシェンコは共産党員であったことも、ノーメンクラツーラ（官僚）であったことも、いかなる権力あるポストに就いたこともない」という一文から始まっているのが象徴的である。

しかし、共産党系の組織を活用できなかったルカシェンコにとって、自らの権力基盤の強化は課題でもあった。1997年にルカシェンコは「ベラルーシ愛国青年団」を結成する。これは共産党の下部組織である「ベラルーシ青年団」を真似たもので、ルカシェンコの政策宣伝や個人崇拝のための組織であった。2002年には「ベラルーシ青年団」と合併して、BRYUに改称された。

BRYUは全国に約6800の支部をもち、そのメンバーはおよそ12万人にのぼるとみられている。メンバーは14歳から31歳までの若者である。BRYUはコンサートや「ミス・ベラルーシ」コンテストを開催する一方、第二次世界大戦戦勝記念日の催しを行うなど、若者に愛国主義をも促している。

それだけでなく、BRYUは非政治的組織という建前とは裏腹に、ルカシェンコ支持のための選挙運動を展開し、野党系候補への妨害や襲撃の実動部隊としても機能している。また、大学などでルカシェンコに批判的な言論を取り締まる役割も果たしている。

BRYUのメンバーは、学校卒業後に、政府機関や国営企業などに優先的に就職できる。いわばBRYUは、ルカシェンコ体制のエリート養成機関でもある。若者を組織化することで、ルカシェンコは組織基盤の脆弱さを補ってきたといえよう。

欧米とロシアの狭間で

大統領権限を強化した1996年の国民投票と、その後の議会閉鎖以来、ルカシェンコは欧米諸国から「ヨーロッパ最後の独裁者」との批判を集めてきた。EUやアメリカは、ルカシェンコら政府要人に対して渡航規制や資産凍結といった制裁を課している。

ルカシェンコと欧米諸国との対立のピークは、2005年から2006年にかけて訪れた。この頃、ウクライナの「オレンジ革命」やグルジアの「バラ革命」のように、旧ソ連圏で相次いだ「花の革命」に呼応して、ベラルーシでも西洋文化の象徴であるジーンズを身に着けた、若者による抗議活動「デニム革命」が発生した。2006年大統領選挙での警察による選挙妨害や不正投票を訴えて、選挙終了後の3月19日、ミンスクの10月広場に4万人以上を集める抗議集会を開いたのである。

その直前には、学生運動の指導者たちが、リトアニアを訪問中のライス国務長官（当時）と面談していた。そのため、ルカシェンコは「アメリカの支援を受けて体制転覆を企むテロリスト」として、武装警察に100名以上の学生を逮捕させたのである。旧ソ連圏で広まっていた民主化運動をつぶしたことで、ルカシェンコはさらに欧米諸国で「独裁者」としての悪名を高めることになった。

そんなルカシェンコにとって、最大の命綱はロシアであった。ロシア・ベラルーシ連邦国家創設条約をはじめ、ルカシェンコは政治、経済、軍事のあらゆる面でロシアと友好関係を維持してきた。これが欧米諸国に対する牽制になっていることは、いうまでもない。

しかし、ロシアとの関係は2007年頃から急速に悪化した。この端緒は、2007年1月、ロシアがベラルーシ向けの原油供給を一時停止したことにある。

ベラルーシは従来、ロシアから石油・天然ガスを割安で供給されていた。しかし、ルカシェンコがこれらを精製した後、EUに転売していたことが発覚するや、ロシアは利益の一部還元を求め始めた。ルカシェンコがこれを拒絶した結果、ロシアからの原油供給が途絶えたのである。

いわば身から出た錆《さび》だが、もともとロシア政府は、公式にはルカシェンコを支持しながらも、ロシア・ベラルーシ連邦国家構想において、あくまで対等の統合を求めるルカシェンコに辟易していたともいわれる。

いずれにせよ、ロシアとの友好関係にひびが入るなか、折から発生した金融危機で、ベラルーシ経済は急速に悪化した。世界銀行の統計によると、2008年に11パーセントだったGDP成長率は、2009年には1パーセントに急落している。

経済的に行き詰まったルカシェンコは、欧米諸国との関係改善に着手した。2008年12月にIMF（国際通貨基金）から25億ドルの融資を受け、2009年3月にはローマ法王ベネディクト16世との会談を実現させている。ただし、人権侵害などへの批判が根強い欧米各国は、ベラルーシに援助や融資をほとんど行っていない。

その一方で、2011年3月にルカシェンコは、ロシアからも30億ドルの融資を受けている。2007年以降、急速に対ベラルーシ感情を悪化させてきたロシアは、2010年にベラルーシ向け天然ガス供給を60パーセント削減し、さらに「ゴッドファーザー」と銘打った国営放送の番組で、ルカシェンコをヒトラーを崇拝する「独裁者」として描くなど、決して友好的な関係を維持しているとはいえない。このようなロシアが、巨額の融資を行ったのは、ルカシェンコが欧米に接近したためと考えられる。

いわばルカシェンコは、自らの経済的困窮を逆手にとって、欧米諸国とロシアの双方から支援を引き出すという、綱渡りの外交を展開しているのである。

危機的な経済が鍵を握る

反汚職という分かりやすいスローガンに頼っていた時期はともかく、ルカシェンコの独裁体制はソ連型の計画経済や、ＢＲＹＵを媒介とした就職の斡旋など、国家による経済管理に支えられてきた。

しかし、ＩＭＦは融資を提供するにあたって、国営企業の民営化や緊縮財政といった経済改革をベラルーシに求めている。これはルカシェンコにとって、容易に呑めるものではない。これを無視すれば、融資が停止される恐れもある。それはベラルーシの経済再建が困難になるだけでなく、欧米諸国に接近することでロシアに対して発揮してきた交渉力をルカシェンコが失うことをも意味する。２００６年の「デニム革命」が失敗に終わった後、国内だけでなくポーランドやリトアニアなどに四散した反ルカシェンコの学生団体は、分裂を繰り返しながらもその勢力を保っている。

経済的利益の配分が困難になったとき、ＢＲＹＵに糾合されていた若者たちが離反し、これらに与《くみ》しないという保証はない。したがって、危機的な状況にある経済を軟着陸させられるかどうかが、「独裁者」ルカシェンコにとって運命の分かれ目になる。

メレス・ゼナウィ

Meles Zenawi Asres

1955年5月8日生まれ

エチオピア連邦民主共和国／首相

ゲリラのリーダーから
MBAホルダーへ

MBAホルダーの「独裁者」

アフリカ東部にあるエチオピアは、19世紀に大陸全体がヨーロッパ諸国によって植民地化されたなかでも、独立を保った国として知られる。現在、その最高権力者であるメレス・ゼナウィ首相は、社会主義者からビジネスマインドをもった「独裁者」に転身した経歴をもつ。

メレスは1991年に反政府ゲリラ組織のリーダーとして、当時の政権を打倒した。その際、メレスは中国から支援を受けるなど、国際的には社会主義者とみなされていた。しかしその後、1993年にイギリスのオープン・ユニバーシティの経営学研究科に入学し、通信教育で1995年にMBA（経営学修士号）を取得した。外国の大学から儀礼的に名誉博士号などを贈られる権力者は多いが、メレスのように権力を握った後に、実際に教育を受けて学位を取得する例は稀である。

メレスのもとで、1995年以降のエチオピアは、非産油国にもかかわらず、アフリカ屈指の経済成長を実現している。世界銀行の統計によると、エチオピアは2004年以降10パーセント以上のGDP成長率を保ち、世界金融危機の影響を受けた2009年にも、9パーセントを記録した。

GDPの約50パーセントは農業が占めており、エチオピアの経済成長は主にこの分野によるところが大きい。メレスは従来の主力産業であったコーヒー栽培だけでなく、生花など新規農産物への外資誘導と輸出を進めてきた。2000年頃からオランダやイギリスの企業による投資が本格化した生花の場合、その輸出は既に年商2000万ドルを上げる一大産業となっている。アフリカ関係の投資家向けウェブサイト「ワールド・インベストメント・ニュース」で、エチオピアは「東アフリカにおける機会の土地」と紹介されている。

しかし、メレスは単なるマネタリストではない。複数の基金を設けて産業を振興しているが、それで設立された企業は形式的に民間企業でも、実質的には与党EPRDF（エチオピア人民革命民主戦線）の下部組織である。2009年3月、コーヒー豆輸出総額の3分の1以上を握っていた大手3社が、メレスから密輸の疑いがあると非難された直後、相次いで閉鎖された。これと入れ替わるように、EPRDF系列「グナ貿易」が、コーヒー豆輸出への参入を表明している。

国家ぐるみの市場経済は、地縁・血縁に基づくインフォーマルな人的ネットワークで成り立っており、ここから排除された者の間には、メレスに対する不満も大きい。しかし、それらの声が伝わることは少ない。民間メディアは規制の対象で、2006年だけで8紙が閉鎖され、18名のジャーナリストが逮捕された。エチオピアは2007年に、国際NGO「ジャーナリスト保護委員会」から「世界で最も報道の自由を侵害している国家」と名指しされている。

ゲリラのリーダーとして

メレスは1955年、当時帝国だったエチオピアのティグライ州アドワで生まれた。アドワで初等教育を終えた後、1972年に帝都アディスアベバの高校を卒業し、アディスアベバ大学医学部に入学している。

しかし、その2年後の1974年、エチオピアで社会主義革命が発生した。これにより、1270年に建国されたエチオピア帝国は崩壊し、どさくさに紛れて隣国ソマリアが軍事侵攻するなど、全土が極度の混乱に陥った。そのなかで、メレスは学業を断念してゲリラ組織TPLF（ティグライ人民解放戦線）に加入し、社会主義政権との武装闘争に向かうこととなる。

社会主義政権の実権を握ったメンギスツ・ハイレ・マリアム少佐は、当時のアフリカで指折りの「独裁者」であった。1975年に最後の皇帝ハイレ・セラシエ1世を処刑した後、急進的な社会主義化を推し進めた。皇室の所有地を含めて国土のほとんどを国有化し、集団農場での労働を強制したのである。反体制派への弾圧は過酷を極め、国際人権団体アムネスティ・インターナショナルは、1978年からの1年間だけで50万人が殺害されたと報告している。

メレスが加わったTPLFは、メンギスツと同様に社会主義的な主張を掲げながらも、エスニシティや州の自治権拡大を強く求める勢力でもあった。もともと、エチオピアでは皇帝自身がアムハラ人であったことから、公用語がアムハラ語で、彼らが社会の中心であった。ティグライ人のTPLFからみれば、アムハラ人中心の支配が、皇帝からメンギスツに代わっただけであり、その武装闘争は基本的に「ティグライ人の権利回復」を主な目的としたのである。

メレスは武装闘争のなかで頭角を現し、1979年に中央委員会委員、1983年には執行委員会委員に就任し、1989年にTPLF議長に選出され、最高指導者としての地位を確立した。そして、冷戦終結を機にソ連からの援助が急激に減少したメンギスツ政権に、一気に勝負をかけるべく、同じくエスニシティ単位で武装闘争を行っていた諸勢力との連合に向かった。

1989年、TPLFはOLF（オロモ解放戦線）、ANDM（アムハラ民族民主運動）、SEPDM（南エチオピア人民民主戦線）との連合体EPRDFを結成した。EPRDFはエスニシティ単位の武装組織があくまで対等の立場で加入したものであるが、その結成の立役者となったメレスは書記長に就任し、事実上の最高責任者として、反メンギスツ勢力を率いることとなった。

連合を組んだ2年後の1991年、エチオピアからの分離独立を求めて、やはり武装闘争を行っていた、イサイアス・アフォルキ率いるEPLF（エリトリア人民解放戦線）との協力のもとに、ＥＰＲＤＦはアディスアベバを陥落させた。メンギスツはジンバブエに亡命し、入れ替わりに発足した臨時政府で、メレスは暫定大統領に就任したのである。

エスニック連邦主義

メレスは市場原理を取り入れた経済改革を行う一方で、政治の分権化をも進めてきた。その象徴は、「エスニック連邦主義」である。

メレスはＥＰＲＤＦの最高責任者として、また暫定大統領として、１９９５年に発布された新憲法の起草で中心的な役割を果たした。新憲法のもとでエチオピアは、各州に大幅な権限を認める連邦共和制を採用している。なかでも特筆すべきは、各州に「エチオピアから分離独立する権利」が認められていることである。

これはメンギスツ政権を打倒したＥＰＲＤＦがエスニシティ単位の武装勢力の連合体であったことを考えれば、不思議ではない。しかし、多くのエスニシティが林立するアフリカでは、このような憲法条項は国家の分裂をもたらしかねない。

では、メレスはなぜ、自らの権力を弱めるような選択ができたのか。それこそが、メレスの強い権力基盤を示すものなのである。

新憲法では、大統領は儀典的役職とされ、実質的な行政権は首相にある。議会への関与が制限される大統領と異なり、事実上の議院内閣制の首相に就いたメレスは、与党を介して立法府と行政府の双方に関与できる。

メンギスツ政権打倒のときからの連合であるEPRDFの加盟4団体は、それぞれ政党として衣替えしている。議会においてEPRDFは絶対的な優位にあり、2010年総選挙では546議席中499議席を獲得している。圧倒的多数の議席をもつEPRDF加盟4団体は、基本的にはエチオピアにとどまることを前提に、各州の権限を強化する点において一致している。

既に述べたように、EPRDFは各エスニシティ単位の組織である。各エスニシティのなかには、憲法に明記された権利を実際に行使して、エチオピアからの分離独立を目指す勢力もあるが、メレスはこれらを政権から排除してきた。

OLFの母体であるオロモ人は、人口の約35パーセントを占める、エチオピア最大のエスニシティである。メンギスツ政権崩壊後、暫定政権に加わったOLFは、やがて分離独立をめぐって内部対立が激化した。このうち、あくまでエチオピアからの独立を求めた勢力は1992年にEPRDFから離脱したが、メレスの路線に同意した勢力はOPDO

（オロモ人民民主機構）として政権に残ったのである。

つまり、メレスは各エスニシティの独立性を重視しながらも、それぞれのなかで「建前上は分離独立する権利があっても実際にはそれを行使しない」勢力との連合を維持してきたのである。この路線に沿わない勢力は、政治的に排斥されることとなる。したがって、メレス率いるＥＰＲＤＦは、４団体の連合という形態をとりながらも、事実上の一党制に近い。

欧米諸国からの期待

メレスはアフリカのなかでも、欧米諸国からの評価が高い「独裁者」のうちの一人である。英誌『エコノミスト』は外交筋の評価として、「アフリカで最も知性があり、頭が切れ、雄弁な指導者の一人」とメレスを紹介している。また、メレスは２００５年、アフリカ系アメリカ人企業家の団体「テイバー１００」から「クリスタル・イーグル国際リーダーシップ賞」を受賞するなど、政府レベルだけでなく、民間レベルでも欧米諸国との友好関係を深めている。

いわば官民をあげた友好関係を反映して、エチオピアには欧米諸国からの援助が多く集まっている。世界銀行の統計では、2009年にエチオピアが受け取った援助の国民総所得比は13パーセントで、これはアフリカ平均の5パーセントを大きく上回る。

その大きな理由としては、ドラスティックな経済改革が、欧米諸国がアフリカ諸国に求める市場経済化の「モデルケース」として扱われていることがあげられる。

しかし、欧米諸国にはそれ以外にも、メレスを重視せざるを得ない理由がある。それは、北東アフリカにおける安全保障上のパートナーとしての役割である。

紅海に面するこの一帯は、地中海からインド洋へ抜ける国際海運の要衝でありながら、「テロ支援国家」スーダン、内戦で「破綻国家」となったソマリア、周囲の国々と辺り構わず衝突を繰り返すエリトリアなど、欧米諸国から危険視される国が集中している。そのなかで、堅調な経済成長を実現し、大規模な国内変動を抑えているメレスは、数少ないパートナー候補なのである。

これに応えるように、メレスは地域の安定に貢献してきている。2006年、ソマリアの首都モガディシュがイスラーム主義組織「イスラーム法廷連合」(現「イスラーム法廷会議」)によって占領された際には、エチオピア軍を出動させ、これを奪還した。エリトリアとの戦争では、戦局が有利な状況で敢えて停戦に合意し、国連平和維持部隊を受け入れた。これはイサイアスとの個人的関係を優先させたと国内で批判されたが、むしろエリトリアを崩壊させて地域全体を揺るがすリスクを回避したものと考えるべきだろう。さらに、2011年6月には、南部スーダン独立問題で、その帰属が明確でないアビエイに国連平和維持部隊が派遣されることが決定したが、その陣容は約4000人のエチオピア軍である。

欧米諸国にとって、アフリカが安定しなければ、テロの温床や難民の流出などで、自らにも負の影響が及ぶ。しかし、直接介入することは、アフリカ側からの反発も強く、同時に安全上のリスクも高い。メレスはこれをむしろ利用して、地域の安定に資することで、欧米諸国からの評価を高めてきたといえよう。

硬軟をまぜた反体制派への対応

メレス率いるEPRDFに批判的な勢力は、大きく分けて二通りある。一つは、高度な自治権を各州に認めながらも、地方政府の官僚組織がEPRDFに握られていることに不満をもち、さらなる自治権を求める勢力。もう一つは、旧メンギスツ政権の支持者で、中央集権的な国家への回帰を求める勢力である。そして、いずれの勢力も、選挙を通じて政治に参加しようとする団体と、武装闘争に活路を見出す団体に分類される。

メレスはこれら反政府勢力に対して、硬軟織りまぜた対応をしてきた。その典型は、2005年選挙をめぐる対立である。

2005年選挙で、EPRDFは59・8パーセントの得票率で327議席を獲得した。一方、最大の野党勢力CUD（統一民主主義連合）は19・9パーセントで109議席を獲得した。この選挙結果について、欧米諸国の監視団は概ね自由かつ公正に行われたと評価していた。

しかし、翌年になって、選挙期間中に193名の野党関係者が警察官によって殺害されていたことが発覚した。これに対してCUDが批判を強めると、欧米メディアでもメレスに批判的な論調が目立つようになる。これを受けて、メレスは警察に詳細を報告させ、その結果、約2万人が選挙期間中に逮捕されていたことが公表されたのである。

しかし、このような情報開示を行う一方、政府批判を強める野党と、治安部隊との衝突が発生すると、メレスは「反乱を企てている」という容疑でCUD幹部38名を逮捕した。その後の裁判で全員に暴力行為の責任が認められたが、「謝罪の手紙があった」という理由で、メレスはこれに恩赦を与えた。

このような野党への対応は、政治対立が激化することで、欧米諸国からの非難が高まることを回避するためであったと考えられる。

反政府勢力を過度に弾圧することは、メレスの政権基盤をも損なう恐れがある。「エスニック連邦主義」で合意できなかったOLFは下野の後、メレスによって非合法化され、反政府組織として弾圧の対象となった。ヒューマン・ライツ・ウォッチは、2001年段階で2万5000人のOLF関係者が政治犯として収容されていたと報告しているが、この情報はオロモ出身の大統領ネガソ・ギダダによってリークされたものであった。ネガソは2001年大統領選挙の直前にEPRDFとOPDOから追放されたが、これはOLF弾圧を批判したせいともいわれる。

アキレス腱はエスニック連邦

メレスにとってアキレス腱は、アフリカで稀有な取り組みであり、欧米諸国からも高く評価される「エスニック連邦主義」である。

EPRDF加盟4団体は、連邦から離脱する権限を各州に付与しながらも、実際にはそれを行使しないという前提で協力関係を保ってきた。これはエスニシティ間の対立を回避しながら一体性を保つための、苦肉の策であるといえよう。しかし、これは結果的に、各エスニシティの内部分裂を加速させている。なかでも、最大の人口を抱えるオロモ人のそれは深刻である。

メレスによって非合法化されたＯＬＦは、その後もあくまでもオロモ人の独立を求め、政府に対する武装活動を展開する一方、政権に残ったＯＰＤＯには遺恨がないと表明している。しかし、２００５年総選挙の直前には、４００名のオロモ人がＯＬＦによって殺害されている。被害者はいずれも、ＥＰＲＤＦ支持者であった。

市民、しかも同じエスニシティに対する殺戮行為を行うＯＬＦを、メレスは「テロ組織」に指定し、さらなる弾圧に乗り出している。ただし、それが行き過ぎれば、政権の内部分裂にもつながりかねない。したがって、欧米先進国との関係を念頭に置けば、遅かれ早かれメレスは議会への進出を図る非ＥＰＲＤＦ派への弾圧を段階的に緩和し、「エスニック連邦主義」以外の政治的意見を表出する場を、形式的には確保せざるを得ない。

ただし、それがさらなる民主化をもたらすか、逆に国家の分裂をもたらすかは不透明だ。

イドリス・デビー

Idriss Deby

1952年生まれ

チャド共和国／大統領

硝煙にまみれた、武闘派独裁者

クーデタと内戦の果てに

アフリカの中央部に位置するチャドは、内陸国であるうえに、国土のほとんどが砂漠という条件から、「アフリカの死んだ心臓」とも呼ばれる。この国を1990年から支配してきたイドリス・デビー・イトゥノ大統領は、本書で取り上げる「独裁者」のなかでも、そのエネルギーの多くを戦闘に費やしてきた点で際立っている。

1960年にフランスから独立したチャドは、キリスト教徒中心の南部と、ムスリム中心の北部に大きく分かれる。首都ンジャメナがある南部に支配されることへの不満が、北部には充満しており、これに親フランス派と親リビア派の対立や、エスニシティ、宗派間の反目が加わった結果、チャドでは内戦が慢性化したのである。1990年までの30年間に7人の国家元首が生まれたが、いずれもクーデタや内戦の果てに殺害されるか、亡命を余儀なくされている。

軍事力で政権を奪取し、1991年3月に大統領に就任したデビーは、前の7人が平均4年ほどしか在任できなかった最高権力者の座を、20年以上にわたって独占してきた。ただし、その支配は磐石ではなく、デビーも前任者たちと同様、クーデタや内戦によってその地位を脅かされてきた。

北部出身で、基本的には親フランス派に分類されるデビーは、混乱する国内の宥和を図るより、力で抑えようとする姿勢が顕著である。歴代のチャド大統領と比較して、大きな権限が法的に保障されていることも、それを裏付けている。

1996年3月に公布された新憲法では、大統領に議会解散権を含む、大きな権限が認められている。このうち、首相任命権に基づいて、1990年から2011年までの21年間に、デビーは14名の首相を任命している。

確認できる範囲で、そのうち南部出身者は10名にのぼり、逆にデビーと同じ北部出身者は2名に過ぎない。長年敵対してきた地域やエスニシティ出身者を枢要なポストに迎えるのは、アフリカでは一般的な手法である。しかし、デビーによって頻繁に入れ替えられてしまうため、チャドの首相は「南北間の宥和」の演出以上の役割を果たせていない。

国内宥和を形式的にアピールする一方で、デビーは反政府勢力に対する鎮圧の手を緩めない。2006年には、スーダンとの国境付近を拠点とするRADF（民主勢力連合）に対して、3000名を動員した大規模な掃討作戦を実施し、この際にはフランス軍がミラージュ戦闘機でチャド兵を援護している。

RADF指導者のチマン・エルディミは、デビーの実の甥である。エルディミは2007年に国際指名手配され、さらにチャド裁判所によって2008年に欠席裁判で死刑判決を下されている。しかし、その後もエルディミはRADFを率い、2009年には8つの反政府勢力を糾合した連合体UFR（抵抗戦線連合）の指導者に任命されている。親族間で骨肉の争いを繰り広げるデビーは、まさしく硝煙にまみれた「独裁者」なのである。

三つ巴の内戦の嵐のなかで

デビーは1952年、当時のフランス領赤道アフリカ、現在のチャド北東部にあるエネディ州の州都ファダに、牛飼いの息子として生まれた。少年期の記録はほとんどない。ンジャメナの士官学校卒業後、フランスに留学し、1976年にパイロットとして帰国した。以来、デビーはほぼ一貫して軍に在籍することとなるが、その経歴はチャドにおける内戦の歴史と並行している。

北部では1960年代から、グクーニ・ウェディ率いるFROLINAT（チャド民族解放戦線）が南部に抵抗する武装活動を始めていた。しかし、その勢力は一枚岩でなかった。グクーニは地域一帯のイスラーム化を図るリビアのカダフィから支援を受けて南部と敵対した。これに対して、分派であるFAN（北部軍）指導者のイッセン・ハブレは、1978年にFROLINATから分離し、南部との挙国一致内閣に参加したのである。

しかし、それでも南北間の抗争は絶えなかった。三つ巴の内戦の末、1982年10月にハブレはついにグクーニ派と南部勢力を抑えて大統領に就任した。これを受けて、グクーニはリビアに亡命している。

北部出身でムスリムでもあるデビーは、カダフィと距離を置き、フランスから支持を取り付けた現実主義者ハブレに軍人として忠誠を誓った。その後、デビーは順調に階級をあげ、最高司令官にまで昇進している。さらに1985年にハブレの命令で、パリの軍事大学「エコール・ミリテール」に留学し、帰国後はハブレの軍事問題に関する顧問に就任した。

とはいえ、ハブレが大統領に就任した後も、グクーニ派の武装活動は止まず、チャドは安定から程遠い状態にあった。さらに1987年、ウラン埋蔵が確認されている北部アオゾウ地区に、300台の戦車と8000名の兵員を擁するリビア軍が侵攻してきたのである。このとき、デビーは自ら戦地に赴き、トヨタのランドクルーザーに兵員を乗り込ませ、機動力でかく乱する戦術で、火力に勝るリビア軍を撃退している。

しかし、その戦功がデビーとハブレの決定的な亀裂のきっかけとなった。古来、戦争で武勲をあげた者は、「独裁者」から自らの立場を脅かしかねない者として警戒される。1989年、ハブレは自らの安全を確保するため、軍隊から独立した大統領警護隊の拡大を図り、これに反対したデビーに「クーデタを起こそうとしている」という容疑をかけたのである。

亡命を余儀なくされたデビーは、生地ファダから近いスーダンに潜伏した。ここでデビーは反政府勢力MPS（愛国救済運動）を結成したが、このときスーダン政府とともにリビア政府からも支援を受けている。かつて敵対したカダフィと必要に応じて協力したことは、デビーの現実主義を物語るといえよう。この点において、結果的にデビーはハブレと共通する。

ともあれ、1989年10月にMPSによる武装活動を開始したデビーは、翌年にはンジャメナを陥落させ、ハブレはセネガルへ亡命した。そして1991年3月、デビーは大統領に就任し、いよいよ「独裁者」への道を歩み始めるのである。

最大野党のリーダーを排除

デビーが政権を掌握した後も、ハブレ派やかつてのグクーニ派の残党が軍隊内部にも残り、チャドでは不安定な政情が続いた。

1991年に大統領に就任したデビーは、1996年6月の大統領選挙でも約69パーセントの得票を集めて再選された。しかし、大統領の三選を禁じた新憲法は、その直前の1996年3月にようやく国民投票によって採択されたばかりであった。そのため、デビーは1991年からの任期はカウントされないものと主張し、2001年の大統領選挙にも立候補したのである。

強引な立候補に野党は反発し、なかでも最大野党FAR（共和国連邦運動）党首ンガレジ・ヨロンガは、あらゆる手段を用いてデビーへの批判を強めた。そのうちの一つが、当時チャドで進められていた油田開発への批判である。

チャドでは１９９９年から南部一帯で油田開発が進められており、２０００年にはカメルーンに通じる総延長１０７０キロメートルの国際パイプラインの建設が、世界銀行からの融資で進められていた。しかし、ヨロンガはそれにより環境破壊が進んだことや、油田権益をめぐってデビーら政権幹部に汚職が蔓延したことを批判し、２００１年の大統領選挙直前に、ジェームズ・ウォルフェンソン世界銀行総裁（当時）に書簡を送り、調査を求めたのである。

外部勢力を巻き込んで民主化を図るヨロンガを、デビーは二度にわたって逮捕した。その釈放はウォルフェンソンによる調査が終わった後のことであった。大統領選挙では、デビー陣営からの妨害や買収工作もあり、ヨロンガは16パーセントの票を獲得するにとどまっている。

野党を強権的に取り締まる一方、デビーはカリモフらと同様に、国民投票によって大統領権限を強化してきた。２００５年６月、デビーは大統領三選禁止規定の撤廃を含む、憲法改正の是非を問う国民投票を実施した。その結果、77パーセントの賛成によって憲法改正が認められ、デビーは2006年5月の大統領選挙に、合法的に立候補することとなったのである。2011年4月の大統領選挙で、デビーは約89パーセントを得票し、事実上の5期目に入っている。

2011年現在、国民議会の188議席中110議席はMPSが占めており、立法府は事実上デビーの決定を承認することしかできない。制度的にデビーの個人支配が完成したといえよう。

リビア・コネクション?

2011年3月の米誌『フォーリン・ポリシー』は、カダフィがベンガジに設けている「世界革命センター」を、各国から集まる「独裁者予備軍」にエリート教育を施す「独裁者のハーバード」と評した。同誌はさらに、バシールとともにデビーも、カダフィの影響を受けた「独裁者」と位置づけている。

MPS設立において、デビーがスーダンとともにリビアから援助を受けたことは確かである。しかし、ハブレ政権のもとでデビーは、カダフィの支援を受けたグクーニ派と敵対し、さらに1987年には実際にリビア軍とも対峙している。生粋の軍人であるデビーにとって、地域一帯のイスラーム化を図るために、各国の反政府勢力を支援してきたカダフィは、自国の存立を脅かしかねない存在だった。

リビアへの不信感をにじませるデビーは、ハブレ政権を崩壊させた後、フランスとの友好関係を維持してきた。2011年7月現在、チャドには1000名のフランス軍が駐留しており、兵站や情報分野での協力を行っている。フランス軍の駐留が、リビアに対する牽制のためでもあるのは、いうまでもない。

一方でデビーは、リビア・コネクションの一角であるスーダンとの関係悪化に直面している。2003年にスーダン西部のダルフール地方で発生した内戦により、最初の1年間だけで約10万人のアフリカ系住民が、国境を越えてチャドに流入してきたのである。チャド領内に侵入してきたスーダンのアラブ系民兵組織「ジャンジャウィード」は、チャド軍と戦闘を引き起こしている。

両国関係が急速に悪化するなか、2006年4月に反政府勢力FUC（変革のための統一戦線）がンジャメナ近郊まで迫った。これを撃退した後、デビーはスーダン政府がFUCを支援していたとして、国交断絶を宣言したのである。

その後もデビー体制を転覆させようとする反政府勢力の活動は活発で、2006年11月にはＵＦＤＤ（民主主義及び開発発展のための連合）が東部の主要都市アベシェを占領したほか、２００８年2月には正体不明の武装勢力によって、一時ンジャメナが占領される事態となっている。

いずれの場合も、デビーはフランス軍の協力を得て、事態の収拾に臨む一方、スーダンに対する非難を強めた。２００８年の場合には、ンジャメナ解放の直後に行われたフランス軍責任者との会談で、その勢力の正体が明確でないにもかかわらず、「彼らがスーダンに逃げ込む前に捕まえる」と発言している。

スーダンとの対立が深まる一方で、デビーはリビアとの全面対決を回避する姿勢も示している。２００6年8月、一時断絶していたチャドとスーダンの国交は、カダフィの仲介によって回復に向かった。

実際には警戒感を抱いているとしても、地域一帯のリビア・コネクションを刺激するリスクを鑑みれば、デビーにはカダフィの面子を壊すことはできなかったといえよう。いわばデビーは、フランスの後ろ盾を得ながらスーダンと対決する一方、その背後にいるリビアとの関係を悪化させないことで、両面から挟まれる危険を回避しているのである。

石油の恩恵で支配を強化

チャドでは2003年から石油の商業生産が始まり、現在では日産17万バレルを産出している。これがデビーにとって、欧米諸国との関係を強化する手段となった。

世界銀行の融資を受けて建設されたパイプラインは、カメルーンを経てギニア湾に通じている。リビアを経由した地中海方面や、スーダンを経由した紅海方面への建設が検討された形跡はなく、輸出先も欧米諸国向けがほとんどである。

ただし、デビーは欧米諸国のなかでも、歴史的に関係の深いフランスとの関係に変化を加えている。エクソンモービルなど主にアメリカ系企業によって進められた油田開発が、その象徴である。世界銀行の統計では、デビーが権力を握った1990年、チャドに対する援助額はフランスが1億2500万ドル、アメリカが1800万ドルであった。ところが、2009年のそれは、フランスが4100万ドル、アメリカが1億7000万ドルと逆転している。

つまり、デビーはフランスに安全保障面で依存しているにもかかわらず、敢えてアメリカと経済関係を深めているのである。これは、あらゆる面でフランスの影響力が大きくなることへの警戒からきているといえよう。油田開発はデビーにとって、欧米諸国との関係を多様化し、フランスに対する発言力を強化するための手段なのである。

その一方で、デビーは豊富な石油収入を、自らの支配力強化にも結び付けている。パイプライン建設のための融資を行う際、世界銀行は石油収入を主に教育や医療関連予算に当てることを条件とした。デビーは一旦これを承認し、石油収入の72パーセントをこれらの開発関連予算に、10パーセントを将来のための基金に積み立てる内容の「石油収入管理法」案を議会で可決させた。ところが、石油生産が始まった2003年、デビーは石油収入管理法の修正審議を議会に命じたのである。最終的に2006年6月、開発関連予算への配分を70パーセントに引き下げ、積み立て基金を廃止する内容の覚書が、チャド政府と世界銀行の間で交わされた。

その差額は、教育や医療ではなく、体制の強化に振り分けられている。2004年に270億CFAフランだった軍事予算は、2008年には2740億CFAフランと、ほぼ10倍に拡大した。また、チャドの行政機関における透明性は、国際NGO・トランスペアレンシー・インターナショナルによって、ミャンマーなどと並んで世界最低レベルと評価されている。FAR党首ヨロンガが指摘したように、石油収入によって政府要人が私腹を肥やしている可能性は大きい。

貴重な石油収入の使い道

内戦の混乱のなかで生まれた「独裁者」デビーによる支配は、今後どうなるか。

欧米諸国がチャドの内政に関与する事態は想像しにくい。2008年2月、ヨロンガが当局に逮捕され、監禁・拷問されていたことが発覚したが、この人権侵害に関して、欧米諸国は黙して語らない。親欧米産油国の「独裁者」として、デビーの立場は国際的に保障されているのである。

ただし、デビーの支配を脅かす要素がないわけではない。まず、周囲の独裁国家が欧米諸国の圧力にさらされる状況は、デビーにとって福音とは限らない。欧米諸国にとってデビーは、リビアやスーダンと対抗するために必要な「手駒」でもあった。カダフィ体制が2011年8月に事実上崩壊し、バシールも命運が定かでないいま、欧米諸国に対する自らの利用価値が著しく減退しているともいえる。

さらに、石油産業の発達も、デビーの支配を脅かしかねない。チャドはアフリカ有数の貧困国であり、UNDP（国連開発計画）の統計では2008年段階で1日1・25ドル未満の生活水準の人口が、全体の61・9パーセントを占める。石油収入が軍事予算につぎ込まれ、汚職が爆発的に増殖する状況は、デビーに対する貧困層の広範な不満をもたらし、UFDDなどの勢力拡大の土壌となる可能性がある。

すなわち、石油収入はデビーにとって軍事力強化の基盤になっている反面、自らのアキレス腱になり得るのである。その意味で、石油収入を国民に幅広く分配して国民の物質的満足感を喚起できるかが、「独裁者」デビーの大きな課題となる。

ムスワティ3世

Makhosetive Mswati III
1968年4月19日生まれ

スワジランド王国／国王

アフリカ最後の「絶対君主」

国内のあらゆる権限を握る

アフリカ最南端の南アフリカ共和国とモザンビークに囲まれたスワジランドは、総面積が四国より小さい1万7363平方キロメートルの小国である。その第8代国王ムスワティ3世、本名マコセティヴ・ドラミニは、欧米メディアで「アフリカ最後の絶対君主」と呼ばれる。その呼び名に違《たが》わず、ムスワティ3世はスワジランドの全権を握っている。

2006年に発効した現在の憲法のもとで、スワジランドには議会が設置され、形式上は立憲君主制となっている。しかし、立法権は議会ではなく、国王にある。リバンドラと呼ばれる二院制の議会は、国王の決定を諮問することしかできない。また、議席数30の上院議員のうち20名、議席数82の下院議員のうち10名はムスワティ3世によって任命される。

行政府の責任者である首相や、最高裁判所の長官の任免権も国王にある。ムスワティ3世は、国家としての主要な人事権の全てを握っているのである。当然のごとく、軍隊の統帥権も国王のものである。また、首相ポストは慣習として、ムスワティ3世の生家であるドラミニ家の一族から選出されている。

政党活動は、前国王ソブーザ2世によって1978年に禁止された。2008年9月に実施された選挙でも、参加は認められず、ドラミニ家や地域の代表が議席のほとんどを占める結果となった。

スワジランドには、日本の県と市の中間にあたるティンクンドラと呼ばれる行政単位が、全国に55ある。選挙で選ばれるその代表者は、下院に議席をもつことができる。ただし、その選出に政党などは関与できない。ムスワティ3世による支配は、これら地域の代表を通じて、各地の隅々に至るまで及ぶことになる。王族や政府に批判的な者は、地域社会で疎外されるからである。

国家のあらゆる権限を独占的に握るムスワティ3世を止めることは、誰にもできない。

UNAIDS（国連合同エイズ計画）の統計によると、2009年段階でスワジランドにおける15歳から49歳までのHIV感染率は25・9パーセントにのぼる。その蔓延を止めるために行われた伝統的な儀式の神託として、ムスワティ3世は2001年9月から2005年8月まで、国民に対して処女とセックスすることを禁じる命令を出した。ただし、その直後にムスワティ3世は17歳の少女を9番目の妻としたため、自ら罰金を払っている。

国民の私生活に至るまで、何ら制約されずに規制できるムスワティ3世は、確かに「絶対君主」なのである。

王家の内紛

ムスワティ3世は1968年4月、スワジランド第7代国王ソブーザ2世の息子の一人として生まれた。ソブーザ2世には、70人の妻と、210人の子どもがいた。1899年生まれのソブーザ2世にとって、ムスワティ3世は最後に近い息子であり、その母親であるントンビ王妃は最も若い妻の一人であった。ムスワティ3世の本名である「マコセティブ」は「国民の王」を意味する。

ソブーザ2世は61年間にわたって在位し、1968年9月にイギリスから独立した際の国王でもあった。独立段階のスワジランドでは、イギリスの意向を反映して、議院内閣制に基づく立憲君主制が採用されていた。しかし、議会派と王党派の間の政争が激しさを増すなか、1973年にソブーザ2世は憲法を停止し、1977年には議会を閉鎖して親政に乗り出したのである。

ソブーザ2世による統治は、その後ムスワティ3世に引き継がれる「絶対王政」そのものであった。議会閉鎖の後、ソブーザ2世はティンクンドラを設立し、自らの支配を国の隅々まで行き渡らせた。さらに1978年には、議会に対する国王の拒否権を含む新憲法を発布し、これによって現在に通じる、形式上の立憲君主制が誕生したのである。

1982年8月、ソブーザ2世が死去した。スワジランドの慣習に従い、先王ソブーザ2世によってではなく、王家を補佐する王室諮問評議会が王位継承者を選定し、その結果14歳だったマコセティブが指名された。

しかし、マコセティブが18歳になるまでの補完的措置として、やはりスワジランドの慣習により、摂政が王権を代行することとなった。翌9月、王室諮問評議会は先王の70人の妃の一人ゼリウェ王妃を摂政に指名した。しかし、先王の崩御後に王室で発言力を増したソブーザ2世の弟ムファンシビリがこれに反旗を翻したことで、王家内部の政争が激化した。

最終的に、ムファンシビリ一派が王室諮問評議会を抑え、１９８３年８月にゼリウェは自宅で逮捕された。その後、王室諮問評議会は改めて人選を行い、マコセティブの生母であるントンビを摂政とすることが決まったのである。その直後の１９８３年９月、マコセティブは皇太子に即位している。

ントンビを担いだムファンシビリら王室諮問評議会が国政を握っている間、マコセティブはイギリスの全寮制学校シャーボーン・スクールに在籍した。しかし、その間にゼリウェを支持した王族を裁判なしで拘留するなど、ムファンシビリ一派による独裁体制が構築されたのである。一方、イギリスにまで刺客が送られ、王位継承者であるマコセティブの暗殺未遂事件まで発覚している。

決して友好的といえない関係の王族に出迎えられて帰国した直後の１９８６年４月、マコセティブはムスワティ３世として即位した。当時、世界で最も若い国王であった。

その直後、ムスワティ３世はムファンシビリ派に批判的だった王族の支持のもとに、５名の王族を含む10名以上を反逆と暴動教唆の罪で逮捕したが、そのなかにはムファンシビリも含まれた。そのうえで、王室諮問評議会も解散し、王族に対する支配を強化したのである。

こうして、王室内部の反乱をも抑えたムスワティ3世は名実ともに「絶対君主」となったのである。

全ては自分のもの

国家の全ての権力を握るムスワティ3世は、2011年段階で14人の妻と23人の子どもをもつ。

スワジランド王家の慣習に従い、ムスワティ3世は即位の直後、王族のなかから選ばれた2人を王妃として娶《めと》っている。これは王族の結束を高めるとともに、特定の一派が勢力を増さないようにするための仕組みともいえる。

ともあれ、その後の12人はムスワティ3世が自ら選んだわけだが、そのうちの幾人かは「リード・ダンス」と呼ばれるセレモニーで選ばれている。リード・ダンスは国王の母親を中心とする儀式である。スワジランドでは国王の母親はティンドブカティ（クイーン・マザー）と呼ばれ、王室の精神的支柱として、伝統的な儀式を執り行うポストでもある。

リード・ダンスに参加できるのは、未婚で子どもがいない女性に限定され、彼女たちはティンドブカティに敬意を示すダンスを披露するため、毎年数万人が国中から集まる。ムスワティ3世は、およそ1週間続く儀式の最終日にだけ姿を現す。これはいわば、公開の花嫁コンテストでもある。

しかし、ムスワティ3世による妻帯のなかには、人権侵害に近いものもある。2002年10月、当時18歳の高校生だったゼナ・マハラングが、学校から2人の男によって連れ出されるという事件が発生した。母親が警察に届け出たものの、ゼナは次の王妃として王宮に連れて行かれたと伝えられたのである。

母親が訴えたことで、事件は高等裁判所で審理される事態に至ったが、司法長官の介入によって裁判は中断された。王室のスポークスマンは記者会見で、「国王が法の上に存在することがスワジランドの慣習」としたうえで、ムスワティ3世の言葉として「裁判に訴えた母親がスワジランド国民であるかを疑う」と述べた。

2004年5月には告訴を取り下げる命令が政府から母親に下り、ゼナは正式に10番目の王妃となった。この件に関しては、アムネスティ・インターナショナルなど国際人権団体だけでなく、野党や最大の反政府勢力であるSFTU（スワジランド労働組合）からも批判が噴出した。

しかも、スワジランド王室の慣習では、障害者と双子は花嫁候補になれない。ゼナは二卵性双生児として生まれたにもかかわらず、それが問題とされることはなかった。一方で国王の絶対性を「慣習」で正当化しながら、自らに都合の悪い「慣習」を不問に付す。ムスワティ3世による個人支配の貫徹ぶりを物語るといえよう。

国庫も自分のもの

国家の全てを握るムスワティ3世は、その富の多くも自分のものとしている。2009年6月17日付けの米誌『フォーブス』によると、ムスワティ3世の資産は1億ドルと試算されており、世界で最も富裕な君主に数えられている。しかし、この試算にはソブーザ2世が創設した、総額100億ドルにのぼるといわれる信託基金が含まれていない。この基金は、ムスワティ3世が相続しており、その使途はほぼ不明である。

このように潤沢な個人資産をもちながら、ムスワティ3世は国庫をも私的に利用しようとする。2004年1月、『タイムズ・オブ・スワジランド』はムスワティ3世が政府に対して、当時11人だった王妃のために、それぞれ宮殿を建設する資金として、約1500万ドルを支出するよう求めていると報じた。

同誌はムスワティ3世自身が保有する雑誌であるため、通常は王家に対する批判をほとんど行わない。そのため、この記事は大きなセンセーションを呼んだ。

これに対して、政府は「根拠がない」として否定し、宮殿ではなく国家施設であるとして、その金額も1990万エマランゲーニ（約294万ドル）と発表した。しかし、結果的にその年のうちに、5つの宮殿を400万ドル以上かけて建設する政令が発布されたのである。

この他にも、ムスワティ3世は2005年2月に、「使っていたものが古くなった」という理由で、10人の王妃のために特別仕様のBMW新型車10台を購入しているが、その金額は82万ドルにのぼる。さらに、2008年8月には、王妃のうち9人がチャーター機でヨーロッパと中東へショッピングツアーに繰り出している。

UNDP（国連開発計画）の統計によると、2008年のスワジランドの一人当たりGDPは2429ドル。1000ドル以下の国が多いアフリカにあって、決して低くない数値である。しかし、やはり2008年の段階で、1日1・25ドル未満の生活人口が、全体の62・9パーセントを占め、これは他のアフリカ諸国と大差ない。つまり、スワジランドはアフリカのなかでも、貧富の格差が大きい国なのである。

ＳＦＴＵや反政府系メディアは、このような国庫の流用や豪奢《ごうしゃ》な生活ぶりに批判を強めており、ＢＭＷの購入や王妃のショッピングツアーに抗議するデモも発生している。

しかし、ショッピングツアーから帰国した王妃たちの写真を撮ろうとしたカメラマンが警官に殴打され、フィルムを没収されたように、王族への批判は厳しく規制されている。王家の浪費への批判に先鞭《せんべん》をつけた『タイムズ・オブ・スワジランド』は、コラムニストや編集者数人が逮捕された結果、自主規制を強いられている。

アメリカの映画監督マイケル・スコルニックが２００７年に製作したドキュメンタリー映画『もし国王がいなかったら』のなかで、ムスワティ３世は以下のように述べている。

「多くの人が病気で苦しみ、苦しい生活のなかで家族の世話をしているのをみると、いつもとても悲しく思う。誰だって助けたいと思うはずだ。しかし、そのための資金がいつも豊富だとは限らない」

小さなアメと大きなムチ

「アフリカ最後の絶対君主」の称号に違わず、ムスワティ３世の支配は、まさに個人支配の極致にあるといえよう。一方で、ムスワティ３世はいくつかの政治改革を行ってきた。

1989年の冷戦終結以降、ムスワティ3世は民主化を求める欧米諸国への配慮から、1978年に政党が禁止されて以来、ソブーザ2世が行ってこなかった総選挙を1993年に再開した。それ以来、2011年までの間に4度の選挙が行われている。さらに、冒頭で紹介したように、やはりソブーザ2世が停止していた憲法を再開させ、さらに2006年は新憲法を発効させている。

ただし、それらの改革が独裁体制を崩さないという前提のものであったことは、いうまでもない。冒頭で紹介したように、議会に実質的な権限がないうえ、2008年9月の選挙では政党の参加が禁止されている。

国内では民主化に対する要求と、格差や失業、さらにHIV蔓延に対する不満が結合しつつある。これに対して、ムスワティ3世は2008年9月、「反テロ法」を成立させた。これによって、体制の転覆を図る者に、最高で死刑が認められることになったのである。

この法律によって、2008年11月、非合法化された最大野党PUDEMO（人民統一民主運動）党首マリオ・マスコが逮捕された。武器の不法所持がその理由であった。

マスコ逮捕は欧米諸国でもニュースとして取り上げられ、死刑廃止問題とも絡んで、ムスワティ3世に対する国際的批判に発展した。これを受けて、翌2009年9月、高等裁判所は証拠不十分でマスコを釈放している。この釈放は、欧米諸国に配慮した「独裁者」の意向によるものとみてよい。

ただし、その後もマスコら反体制派に対する弾圧は続いている。世界金融危機後の生活水準のさらなる悪化に加えて、2010年末以降は中東・北アフリカの政変に触発されたこともあり、PUDEMOやSFTUによって主導された抗議デモが、首都ムババネで頻発している。特に2011年4月に発生したデモは、数千人規模のものであったが、BBCの報道では「デモ参加者より警官の方が多かった」というほど、政府はこれを徹底的に鎮圧した。さらにその後、ムスワティ3世はこのデモを扇動したとして、マスコを自宅軟禁に追い込んでいる。

ムスワティ3世の最大の試練

それでも、2010年末以降の政治変動は、ムスワティ3世による前近代的なまでの支配にとって、最大の試練となると考えられる。

既に述べたように、ムスワティ3世は国家の全ての権力を一手に握ってきただけでなく、スワジランドの文化や慣習についての判断すら、自らの裁量で左右してきた。いわば、ムスワティ3世の意思そのものがスワジランドの文化や慣習になってきたといえよう。この点で、同じく「絶対君主」であっても、体制を支える理念や文化を尊重せざるを得ないサウジアラビアのアブドッラーなどと決定的に異なる。その意味では、ムスワティ3世の方が、より個人支配の特徴が強い。

しかし、ムスワティ3世は、物質的な満足感を国民にほとんど与えてこなかった。イスラーム主義という確固とした文化や慣習に基づく支配を行い、積極的な資源配分を行ってきたアブドッラーと比べて、ムスワティ3世は決定的に脆《もろ》いと言わざるを得ない。

経済状況が悪化し、社会不安が増大するなか、体制そのものを支える意思を持つ者は、王族以外には徐々に減っていくと予想される。

ポール・ビヤ
Paul Biya
1933年2月13日生まれ
カメルーン共和国／大統領

全国にネットワークを張り巡らせて独裁を維持

1年の数ヵ月は海外で優雅に過ごす

2002年の日韓共催で行われたサッカーワールドカップ以来、日本でも知名度が格段にあがったカメルーン。この国の大統領ポール・ビヤは、1982年11月からその座にあり、サハラ以南アフリカにおいて最も長い支配を継続する「独裁者」である。

ビヤの長期政権は、その確固たる支配構造によって支えられている。大統領には、議会が制定する法案に対する拒否権が与えられているだけでなく、1996年の憲法改正によって、議会に諮らずに政令を発布できるようになった。これにより、議会は有名無実化したのである。

さらにカメルーンでは、ビヤの支配が地方の末端にまで及ぶ制度が構築されている。閣僚、裁判官、軍幹部はもちろん、各州の知事や副知事、およそ100社の国営企業責任者などは全て、大統領によって任命される。また、各州の公務員は政府から給与が支給される。これは地方の隅々に至るまで、ビヤの支配によって恩恵を受ける人間が配置されていることを意味する。

行政機関や国営企業を介して、全国にここまで支配ネットワークを張り巡らせた「独裁者」は、いまやアフリカでも少数である。支配の貫徹による安心感か、あるいは「独裁者」特有の猜疑心によるものかは定かでないが、ビヤは国家元首にもかかわらず、1年間のうち数ヵ月をスイスやフランスで過ごすことで知られている。そのため、カメルーンにいる期間は「ショートステイ」とも呼ばれている。2009年9月、政府はビヤがフランスで過ごした約2週間の休暇のホテル滞在費を支払っているが、1日あたりの滞在費は4万ドルにのぼった。

独裁的な権力を握り、国庫を私物化するビヤに対して、国内からの批判は絶えない。欧米諸国からの要請もあり、ビヤは人権保護を眼目とする政策を部分的に導入してきた。1

996年に検閲制度を廃止し、報道の自由を強調したことは、その象徴である。

しかし、新聞をはじめとする民間メディアはあるものの、政府に批判的な言論活動は厳しく制約されている。2010年4月、主たる民間紙『カメルーン・エクスプレス』の編集長だったゲルメン・シリル・ンゴタが刑務所内で死亡した。ンゴタはビヤの汚職を追及していて逮捕されていた。政府は死因を「HIVの感染」と説明したが、家族はその事実を否定している。翌5月、これに抗議して、欧米諸国のジャーナリストの参加者を含むデモが首都ヤウンデで行われたが、警官隊によって鎮圧されている。

フランス帰りの「独裁者」

ビヤは1933年、当時のフランス領カメルーンの南部州ンボメカに生まれた。7歳で30キロ離れたンデムのカトリック・ミッションで学び始める。学業に優れていたため、当初は聖職者になることを期待された。その後ヤウンデの高校に進学し、さらにパリ大学に留学した。パリ大学で国際関係論の学位を取得している。

若きビヤがフランスで学んでいた頃、他のアフリカにおける植民地と同様に、カメルーンでは独立に向けての気運が高まっていた。その結果、フランス領カメルーンが1960

年に独立し、CU（カメルーン連合）を率いるアマドゥ・アヒジョが初代大統領に就任した。ビヤが帰国したのは、その2年後の1962年のことであった。

帰国後、ビヤは海外開発援助省に奉職した。その頃から、フランスで学位を取得し、国際情勢に明るいビヤは、アヒジョから重用されるようになる。

カメルーンは植民地時代、東をフランスに、西をイギリスによって支配されていた。アヒジョは独立後、イギリス信託統治のもとに置かれた西部住民に働きかけ、1961年に東西の連合体として「カメルーン連邦共和国」を樹立させた。

ところが、当初は英語系住民の独立性が保障されていたものの、アヒジョは徐々にこれを奪い、1972年に連邦制を廃止して、完全な統一国家である「カメルーン連合共和国」に国名を改めた。これと並行してアヒジョは独裁的な傾向を強めていき、1966年にはCUに数多くの政党や組織を吸収してCNU（カメルーン国民連合）を結成し、1976年にはそれ以外の政党を禁止して、一党制を導入したのである。

アヒジョとビヤは、あらゆる点で対照的であった。南部出身でカトリック信者のビヤが、フランス滞在歴も長く、当時のカメルーンにあって指折りの高学歴であったのに対して、アヒジョは北部出身のムスリムで、中学までしか出ておらず、郵便局員として働いていた経歴をもつ。

このような相違にもかかわらず、ビヤはアヒジョの支配を補佐し続け、徐々に頭角を現す。1965年に国家教育省事務総長、1968年に官房長官に就任し、1975年6月には首相となった。これは憲法の規定により、大統領に不測の事態があった場合にこれを代行するポストであり、アヒジョ体制においてビヤはナンバー2の座に就いたことを意味する。

1982年11月、アヒジョは突如、「健康上の理由」により辞任を発表した。この辞任には謎が多く、アヒジョの真意はいまだに解明されていない。いずれにせよ、アヒジョの辞任により、憲法の規定にしたがい、首相であったビヤが大統領に就任したのである。

大統領対元大統領

大統領に就任するまで、ビヤはアヒジョと極めて友好的な関係を築いていた。しかし、その後、両者の関係は急速に悪化する。

「健康上の理由」で大統領を辞任したアヒジョは、CNU党首には残留した。ビヤは副党首として、アヒジョ不在時に党の政務を行うこととなった。一党制国家においては、党が国家に優越するため、ビヤは国家元首でありながら、アヒジョの間接的な影響力にさらされることになったのである。

アヒジョの辞任に関しては、「ビヤの大統領就任に合わせて首相となった、やはり北部出身でムスリムのベロ・ブバ・メガリをアヒジョは最終的な後継者として目しており、そのための『つなぎ』として、南部出身のクリスチャンであるアヒジョを大統領にした」という説がある。確証はないが、アヒジョが党代表にとどまり、影響力を維持したことから、この説は首肯できる。このような環境では、党首アヒジョと大統領ビヤの間に確執が生まれても、不思議ではない。

1983年7月、アヒジョは突如フランスに亡命した。その直後、ビヤはアヒジョがクーデタ計画に関わったと非難し、その息がかかったブバを首相から解任した。これを機に、ビヤのアヒジョ排除は加速する。

1984年1月に、アヒジョ時代の「カメルーン連合共和国」から「カメルーン共和国」に国名を改称したことは、この最たるものである。さらに翌2月には、欠席裁判によってアヒジョに死刑判決が下された。アヒジョ自身はクーデタ計画への関与を否定し、ビヤを「偏執狂」と非難している。

その一方で、ビヤはアヒジョの影響下にあった組織を次々と解体していく。なかでも、アヒジョに忠誠を誓っていた大統領警護隊に対するヤウンデ撤退命令は、その象徴であった。ほぼ全員が北部出身のムスリムであった大統領警護隊は、この命令に対して1984年4月に蜂起し、ビヤを支持する南部出身者中心の部隊と激しい銃撃戦を展開したが、最終的にはほぼ全員が戦死するか、逮捕・処刑された。これに連座したとして、ブバもナイジェリアへ亡命を余儀なくされている。

大統領警護隊を壊滅させた後、ビヤはアヒジョの影響が色濃く残るCNUの解体に着手した。1985年、CNUはCPDM（カメルーン人民民主運動）と改称され、主だった幹部は北部中心から南部中心に刷新された。

こうして完成したビヤ体制は、冷戦終結後の1990年に野党の結成が認められ、複数政党制に基づく選挙が実施されるようになった後も、基本的には継承されている。カメルーンでは1992年に初めて複数政党制による選挙が実施されたが、野党から要望があったにもかかわらず、独立した選挙管理委員会を設けていない。いわば「出来レース」で、例えば2007年の議会選挙では、180議席中153議席をCPDMが確保している。

英語系住民との対立

30年近くに及ぶ長期政権を敷くビヤにとって、最大の難敵は国内の分裂である。なかでも、元イギリス委任統治領だった西部2州の英語系住民は、最も大きな反対勢力となっている。もともと、英語系の西部2州は、他のフランス語系の8州との間に文化的な相違があったうえ、主だった港や鉄道などが東部に集中し、経済格差が生まれたことへの不満が増幅していた。

政党結成が解禁された1990年、地元企業家のジョン・フル・ンディによって結成されたSDF（社会民主戦線）は、西部2州を拠点としており、分離独立を明確に要求しないものの、選挙においてはビヤ－CPDMに対抗する最大の勢力となっている。初めて複数の候補が立候補した1992年大統領選挙において、フル・ンディは36パーセントの票を獲得し、40パーセントを確保したビヤに肉薄した。

しかし、SDF支持者らの選挙活動には警察が介入し、大統領選挙直後にフル・ンディは約1ヵ月間、自宅軟禁された。

一方で、ビヤは野党の分裂とフル・ンディの孤立化を図っている。公正な選挙の実現が難しいとして、SDFはUNDP（国民民主進歩連合）など他の野党とともに、1997

年の大統領選挙をボイコットした。UNDPは亡命中のブバが、1990年に結成した政党であった。ところが、1997年選挙でビヤが92パーセント以上の票を得て再選された直後、ブバは産業通商開発大臣として、閣僚に任命されたのである。ブバの寝返りはUNDPの分裂を促しただけでなく、フル・ンディとSDFの孤立をもたらした。

その後の2004年大統領選挙（1996年の憲法改正で任期が5年から7年に延長）も、基本的には同じである。孤立化したフル・ンディとSDFは、英語系住民が多い西部ではともかく、他の野党との協力が得られないため、全国レベルでの得票率はビヤに遠く及ばない。一番厄介な敵を抑えるために、それ以外の敵を取り込む。ビヤの戦略は的中しているのである。

欧米諸国との微妙な関係

現在、アフリカ最長の「独裁者」であるビヤは、その支配のさらなる継続を図っている。2008年1月にビヤは、憲法の大統領三選禁止条項の見直しを議会に指示した。「国民の意思を選挙結果に反映させる機会を制限するのは非民主的」という理由であった。

これに対して、フル・ンディは「民主主義の死」を叫び、これに呼応して始まったストライキは、SDF支持者らによってカメルーン最大の港ドゥアラの輸送施設などが占拠される事態にまで発展した。この際、治安部隊が出動し、ヒューマン・ライツ・ウォッチによると、その鎮圧によって100名以上の死者が出ている。

反対派を力ずくで押さえ込んだビヤは、憲法改正を果たし、終身大統領への道を切り開いた。しかし、これらに対して、欧米諸国から表立った非難や制裁はない。その最大の理由は、カメルーンが日産8万4000バレルの石油を産出する、アフリカ7位の産油国であることによる。原油のほとんどはフランスやドイツといったヨーロッパ諸国に輸出されている。のみならず、南部のクリビ港は隣国チャドからパイプラインを通じて運ばれてきた石油の積出港でもある。

ただし、欧米諸国のなかでも、ビヤに対する態度に温度差がある。1990年代以降、英語系住民への迫害は英語圏メディアで広く伝えられ、ビヤに批判的な論調が目立ち始めた。これを反映して、フル・ンディは1993年にアメリカのビル・クリントン大統領(当時)の就任式に招待されている。これがビヤに危機感を抱かせたとしても、不思議ではない。

その後、ビヤは英語圏諸国に接近する。その象徴が、1995年の英連邦加盟であった。

従来、ビヤはフランスと友好関係を保ってきた。また、産油国カメルーンは財政的に大きく困窮しているわけでもない。にもかかわらず、この時期に旧イギリス領植民地各国で構成される英連邦に加盟したことは、示唆的である。つまり、英語系住民との摩擦が対カメルーン感情を悪化させないよう、英語圏諸国との関係維持のために、ビヤは敢えて英連邦に加盟したといえよう。

資源やエネルギーを中心に、アフリカ進出をめぐる欧米諸国同士の競争は、激しさを増している。この環境のもとで、ビヤは欧米諸国間の微妙なライバル意識の間隙を縫うことで、国際的な立場を保持してきたのである。

後継者問題と南北問題

2008年の憲法改正で事実上の終身大統領となったビヤだが、2011年8月現在で78歳であり、後継者問題が焦眉の課題となっている。

ビヤは38歳年下の2人目の夫人シャンタル・ビヤとの間に2人、あるいはそれ以上の子どもをもうけているといわれる。詳細な情報は乏しいが、政治的な役割を果たしている親族は確認されず、権力が近親者に継承される可能性は低いとみてよい。

欧米メディアでビヤの後継者候補と目されていたのは、２００４年から２００９年まで大統領副補佐官を務め、２００７年からCPDM中央委員会議長を務めるレネ・エマニュエル・サディである。エジプト大使などを歴任したサディは、北部出身だがクリスチャンであるため、カメルーン国内の南北の架け橋ともみなされていた。

サディは２００７年議会選挙で野党側が政府による不正を訴えた際に、「選挙結果は草の根のキャンペーンの成果」と強調し、さらに「選挙結果に対する自己批判を放棄して政府に不満をぶつけているだけ」と述べて、ビヤ体制を支えた。その一方で、政権のなかでビヤの決定に対して、ほぼ唯一、異議を唱えるだけの力をもつ者ともみられていた。

しかし、２００９年６月、サディは大統領副補佐官から「特任大臣」への異動を命じられた。「特任大臣」の詳細は不明だが、サディを遠ざけるための名目上のポストに過ぎないという見方が有力である。

ビヤは２０１１年10月に予定されている大統領選挙に立候補する意思を既に表明している。文字通り「終身」大統領となることが、ほぼ確実な情勢のなかで、しかしポスト・ビヤの青写真は描けない。遠くない将来に訪れるであろうビヤ退場後、カメルーンは大きく変動する可能性を孕んでいるのである。

ウゴ・チャベス

Hugo Rafael Chavez Frias
1954年7月28日生まれ
ベネズエラ・ボリバル共和国／大統領

過激な反米派だが、
国内の貧困層に大人気

中南米一の反米派

南米大陸の北部に位置するベネズエラで、1999年から大統領の座にあるウゴ・チャベス・フリアスは、中南米一の反米派として知られる。

その名が日本でも広く知られるようになった契機は、2006年9月の国連総会での演説である。壇上に登ったチャベスは「この場所に悪魔がいた。まだ異臭がする」と述べて十字を切った。チャベスは2003年のイラク攻撃を非難しており、この「悪魔」がアメリカのジョージ・ブッシュ大統領（当時）を指していたことは、誰の目にも明らかであった。

反米路線を掲げるチャベスは、社会主義者を自認している。中南米諸国では、自由競争を強調するアメリカの強い影響下に置かれてきた反動で、伝統的に社会主義思想が広く浸透し、労働組合が大きな政治勢力となっている。そのなかでもチャベスの社会主義路線は際立っている。

1999年2月に大統領に就任したチャベスは、同年12月に国民投票を行い、憲法を改正した。その結果、国名が「ベネズエラ共和国」から「ベネズエラ・ボリバル共和国」に変更された。19世紀に、スペインによる植民地支配から中南米を独立に導いたシモン・ボリバルの名を冠することで、チャベスは反植民地主義と社会主義を強調したのである。

これに沿って、チャベスは主要産業の国家管理を推し進め、世界第5位の埋蔵量を誇る石油産業は、いち早くその対象となった。

これには資本家だけでなく、労働組合からも不満が噴出し、2002年12月にはPDVSA（ベネズエラ石油公社）職員を中心に、2ヵ月に及ぶストライキが発生した。これに対して、スト収束後、チャベスは1万9000人のPDVSA職員を解雇している。その後、2006年4月には、国内で操業する外資32社に、株式のそれぞれ51パーセント以上を、PDVSAに譲渡することが義務付けられた。

このような産業の「国有化」は、石油以外にも及び、2008年3月、4月にはそれぞれ、セメント、鉄鋼企業の株式の60パーセントをベネズエラ政府が保有することが決定されている。これらの改革は、「ボリバル革命」、あるいは「21世紀の社会主義」と呼ばれる。

これと並行して、チャベスは自らの権力を拡大させてきた。

2007年1月、チャベス率いるPSUV（ベネズエラ統一社会党）が165議席中97議席を占める議会は、議会の審議を経ずに大統領が法律を制定できる権限を18ヵ月間認める「授権法」を制定した。

さらに、2009年1月に実施された国民投票では、憲法の大統領三選禁止条項が撤廃されている。これにより、チャベスには終身大統領への道が開かれたのである。

軍事革命から政治活動への転進

チャベスは1954年、ベネズエラ内陸部のバリナス州サバネタに暮らす教師の両親のもとに生まれ、祖母の影響で敬虔なカトリック信者として育った。

17歳で首都カラカスにあるベネズエラ士官学校に入学する。在学中に、シモン・ボリバルの政治理念のほか、チェ・ゲバラやマルクスらの革命理論に関する本を読んだといわれる。士官学校卒業後、1975年に陸軍に入隊し、特殊部隊に配属されたが、ベネズエラ政府と敵対していた社会主義武装組織の鎮圧に当たるなかで、軍や政府内部の腐敗への批判を強めた。

1981年に陸軍大尉に昇進し、士官学校の教員となった。翌1982年、社会主義革命を目指し、軍内部の秘密組織MBR－200（革命ボリバリアン運動200）を結成している。しかし、学校でそのメンバーを募ったことが上官に発覚し、アプレ州にある人里離れた駐屯地に左遷された。このとき、チャベスは現地の先住民族との交流を深め、彼らを革命運動にリクルートしている。これが後に、政治運動に先住民族を引き込むきっかけになった。

ベネズエラでは1989年、カルロス・アンドレ・ペレスが大統領に就任した。ペレスは融資を受ける引き換えに、アメリカやIMF（国際通貨基金）が求める「小さな政府」路線に従い、公共サービス予算を大幅に削減した。その結果、食糧や燃料の価格が高騰した。一方で汚職が蔓延し、これらへの不満から同年2月に首都カラカスで貧困層の大規模なデモが発生すると、ペレスは治安部隊に鎮圧を命じた。

276名以上が死亡した「カラカス暴動」は、少佐に昇進していたチャベスに大きな衝撃を与えたといわれる。3年後の1992年2月、チャベスはMBR－200を率いて、ペレス政権打倒のためのクーデタを決行したのである。

しかし、このクーデタは失敗に終わり、チャベスは自ら投降した。その際、チャベスは取材に集まったテレビカメラの前で政府批判を展開し、貧困層のための決起であったと強調した。このテレビ会見が貧困層の共感を呼び、チャベスが収監されたサン・カルロス刑務所には、その解放を求めるデモ隊が各地から参集した。

これを受けて、1993年大統領選挙に立候補したラファエル・カルデラは、その選挙公約にチャベスらMBR－200メンバーの釈放を盛り込んだ。選挙に勝ち、大統領に就任したカルデラによって、1994年に釈放されたチャベスは、それを契機に政治活動に転進する。

1998年の大統領選挙に立候補したチャベスは、1992年クーデタ失敗の折のテレビ会見以来の知名度と、「汚職に厳しい」というイメージを武器に、自らを釈放したカルデラと争い、56・2パーセントの票を得て当選したのである。

貧困層へのアプローチ

大統領就任以降、チャベスはＰＤＶに対する統制の強化をはじめ、中央銀行への統制や、農場主の土地を接収して農民に分配する農地改革など、積極的に経済へ介入してきた。

大統領就任の経緯からも明らかなように、チャベスの主な支持者は貧困層や先住民族など、人口が多いにもかかわらず、ほとんどの政党や政治家から見放されていた人々であった。これら政治的な「未開拓地」を探し当て、その支持を一手に集めたことで、チャベスは権力を掌握できたといえよう。

ただし、チャベスによる「社会主義」や「革命」は、必ずしもその実態をともなわない側面もある。

ＵＮＤＰ（国連開発計画）の統計によると、チャベスが大統領に就任する前年の1998年に950億ドルだったベネズエラのＧＤＰは、2007年までには3142億ドルにまで急増している。その一方で、教育、医療に関連する予算の対ＧＤＰ比は、それぞれ5・2パーセント（1997年）、1・0パーセント（同）だったが、2007年にはそれぞれ3・7パーセント、2・7パーセントとなっている。

ここからは、医療予算の比率は増加したものの、教育予算のそれが逆に減ったことが分かる。のみならず、2007年の医療予算の2・7パーセントは、近隣のブラジル（3・5）、アルゼンチン（5・1）、コロンビア（5・1）などと比較しても低い水準である。つまり、貧困対策が大々的に喧伝《けんでん》されるわりに、その水準は決して高くないのである。

その一方で、貧困層からの支持を維持するためのショー的なメディア露出が目立つ。その典型は、1999年5月から国営テレビと国営ラジオで毎週放送されている番組、「こんにちは大統領」である。チャベス自身がホストとなるこの番組は、日曜午前11時から始まり、日常の出来事から各種政策の実施状況までを取り上げる。各省大臣は出演が義務付けられ、政策内容についてチャベスの質問に答えなければならず、軍事政策も例外でない。番組の終了時間は固定されておらず、場合によっては夕方5時まで続くこともある。

また、チャベスはツイッターのアカウントを保有しており、2011年8月現在で約197万人にフォローされている。これも、チャベスのメッセージを直接国民に伝える手段だ。

映像を通じて伝えられる、アメリカ大統領をはじめとする外国元首への暴言・放言を含む各種のパフォーマンスは、「『敵』に立ち向かうチャベス」のイメージを構築し、必ずしも充分でない貧困対策の代わりに、貧困層の支持を確保する手段になっているのである。

メディアと司法の取り締まり

他の各章で取り上げられている諸国と比較してベネズエラでは、インターネットを含むメディアの開放度が高く、政党など各種団体の結成といった政治的自由が保障されている。また、1999年の憲法改正によって、女性や先住民族の権利が明記されたほか、大統領をはじめ公職者に対する解職請求手続きが定められるなど、チャベスによって民主化が進んだ側面も否定し難い。

その一方で、チャベスもやはり、反体制派を強硬に取り締まる「独裁者」の顔と無縁でない。なかでも、メディアと司法に対する介入は顕著である。

メディアは1992年クーデタでチャベスの知名度を一気に全国区に押し上げる原動力となったが、チャベスの大統領就任後、両者の関係は悪化の一途を辿っている。

両者の対立の引き金は、2002年に発生した、社会主義化に反対する軍部が起こしたクーデタにあった。通常、クーデタでは政府庁舎とともに、放送局が占拠の対象となる。しかしこのとき、国営放送を除く主要5局の民放テレビ局は占拠されず、揃ってクーデタを支持し、チャベスを批判する内容の放送を続けたのである。

社会主義化が富裕層の不満を呼んだことに加えて、労働組合に所属する中間層もまた、企業の独立性を脅かすチャベスに対して、徐々に批判的になっていた。テレビ局を保有する富裕層のみならず、職員までがクーデタに協力的だったのが、その証左である。

ともあれ、このクーデタを契機に、チャベスはメディア規制を強める。2006年にチャベスは、最も政府に批判的な民放テレビ局RCTVの放送免許を更新しないことを明らかにした。その結果、2007年5月の免許期限終了をもってRCTVは閉鎖され、この周波数は政府が新たに設立した放送局TVesによって埋められることとなった。RCTVはその後、衛星放送とケーブル放送に特化したが、2010年1月にはケーブル放送からも排除されている。

確かに、報道機関としての立場を放棄したテレビ局は批判されてしかるべきだろう。しかし、その一方で、チャベスが強く言論統制しているのも確かだ。「国境なき記者団」による2009年の年次報告でベネズエラは「地域で最も表現の自由が制限されている国」とされている。

チャベスによる反対派への弾圧は、司法にも及んでいる。2007年2月、著名な銀行家であるエリジオ・セデーノが、違法な通貨取り引きの嫌疑で逮捕された。この逮捕そのものが、富裕層に対する見せしめであったともいわれる。いずれにせよ、2009年12月の裁判でセデーノは無罪となり、その直後にアメリカへ事実上亡命した。すると今度は、セデーノに無罪判決を言い渡した裁判官マリア・ロルデス・アフィウニが収賄の嫌疑で逮捕されたのである。

チャベスはセデーノとロルデスを「追いはぎ」と呼び、その逮捕の正当性を強調した。しかし、司法手続きによって無罪となった者や、審理の最中にある被疑者を有罪と決め付けること自体、これらの逮捕が政治的意図によるものであったことを示している。メディアと司法という、権力に対する監視機関に介入し、その独立性を奪っている点で、チャベスは確かに「独裁者」なのである。

アメリカとの対決

チャベスの反米思想は、士官学校時代に影響を受けた社会主義思想、アメリカやIMFが中南米一帯あるいは開発途上国全体で推し進めた市場経済化の弊害への反動だけが原因でない。

前述の2002年クーデタで、チャベスは一時拘束された。その後、暫定政権に反対するチャベス支持者らのデモにより、軍が分裂してクーデタは2日間で収束した。クーデタ後、チャベスは再三「CIAの関与」を主張し、アメリカ政府が承知していたと非難を続けた。アメリカ政府はこれを強く否定したが、2009年9月にジミー・カーター元大統領がコロンビアの新聞によるインタビューのなかで、その関与を確信していると発言するなど、アメリカ内部でも疑念が絶えない。

その真偽は不明だが、1973年のチリでそうであったように、中南米諸国の左派政権に対するクーデタに、アメリカ政府が関与してきたことは歴史的事実である。これらを念頭に、チャベスが対米不信を一層強めたとしても不思議ではない。

ただし、ベネズエラのアメリカ向け石油輸出比率は減少傾向にあるが、それでも2010年のそれは約42パーセントにのぼる。チャベスにとっては、これが政治的パフォーマンス以上の対決を逡巡させる要素となっているのである。

そのため、チャベスは中国、ロシア、イラン、リビア、北朝鮮といったアメリカと距離を置く諸国と、石油輸出をテコに積極的に友好関係を構築してきている。なかでも世界第二の石油輸入国である中国に対しては、2009年2月に今後200年間の石油供給を確約している。また、リビアのカダフィとも親しく、2011年2月から武力衝突が激化したリビア情勢を受け、「国民評議会」側との仲介を申し出ている。(国民評議会側の拒絶で実現せず)。

さらに、チャベスは中南米の左派政権の糾合にも着手している。2009年9月、ベネズエラはアルゼンチン、ボリビア、ブラジル、エクアドル、パラグアイ、ウルグアイととともに、「南銀行」の設立に合意した。南銀行は参加国に対する融資を主な業務とする。200億ドルの運営資金は参加国によって出資され、ベネズエラはアルゼンチン、ブラジルとともに40億ドルを拠出する。

この構想はもともと、チャベスが2006年にアルゼンチンのネストル・カルロス・キルチネル大統領(当時)とともに打ち出したものであった。南銀行の設立は、欧米諸国、なかでもアメリカが大きな発言力をもつIMFへの批判の表れであり、金融面における中南米諸国の独立性を確保するものである。

アメリカの影響力を排除することは、国内の支持基盤の強化にもつながる。チャベスの主な支持基盤である貧困層は、アメリカやIMFの主導による市場経済化で最も生活が困窮した人々である。チャベスは、彼らの反米意識をくすぐることで、「自分たちの味方」というイメージを植え付けているのである。

国民の支持が厚い独裁者

少なくとも選挙を通じた政治参加が機能しているベネズエラは、他の各章で取り上げた中東、アフリカ、中央アジアなどの独裁国家と比較して、暴力的な側面は小さい。チャベスは、国民投票を含めて、より国民からの積極的な支持のもとに成立している「独裁者」といえよう。

しかし、チャベスのこの支配に対して、国内に批判があることも確かである。

2004年8月、反チャベス派の市民団体が集めた360万人の署名に基づき、1999年憲法の規定にしたがって、チャベスの解職請求を行う国民投票が行われた。支持派と反対派がそれぞれ大規模なデモを展開するなか行われた国民投票で、チャベスの解職請求は59パーセントの反対で否決された。

この国民投票はチャベスに対する国内の根強い反対意見を明らかにしたが、潤沢な石油収入による景気のよさが実感される限りにおいて、チャベスへの国内の支持は堅いと考えられる。

ただし、潤沢な石油収入は、チャベスにとって両刃の剣となり得る。石油産業をはじめベネズエラ向けの海外投資が増加し、国内総生産が上昇するにつれ、これに連動して物価も高騰しつつある。世界銀行の統計では、2000年に16パーセントだったインフレ率は、2008年に31パーセントを記録している。

つまり、景気がよくなればなるほど物価も上昇し、特に貧困層の生活が影響を受けることとなる。これは社会不安の遠因となっており、カラカスで発生した殺人事件が1999年に6000件だったのに対して、2007年には1万3000件と2倍以上に増えている。

貧困層の支持を頼みに権力を掌握した「独裁者」チャベスの行く末は、貧困層の生活を改善し、その満足を獲得できるかにかかっているのである。

ウラジミール・プーチン

Vladimir Putin
1952年10月7日生まれ
ロシア連邦／首相

院政を敷いて大国を
支配する、現代の皇帝

現代の「皇帝」

ロシアのウラジミール・ウラジーミロヴィチ・プーチン首相は、ソ連崩壊後に低迷していた経済を立て直した一方、分離独立を掲げるチェチェンのイスラーム勢力や、民主化や言論の自由を求める勢力を強権的なまでに取り締まってきた。ロシア帝国時代の尊称を用いて、欧米諸国のメディアでは「ツァーリ（皇帝）」とも呼ばれる。

２０００年から8年間、ロシアの大統領を務めたプーチンは、その任期満了にともない、２００７年12月の下院選挙に、与党「統一ロシア」の議員として立候補・当選し、首相に就任した。翌2008年3月に行われた大統領選挙では、プーチンの支援を受けた第一副首相ドミトリー・アナトリエヴィチ・メドヴェージェフが70パーセントの票を集めて圧勝した。これにより、プーチンとメドヴェージェフのいわゆる「双頭体制」ができた。

ロシアの憲法では大統領の連続三選が禁止されている。この規定を守るために、プーチンは一旦メドヴェージェフに大統領の座を譲って「院政」を敷き、その任期満了後に再び大統領に返り咲く意思をもっているとみられている。ただし、プーチン自身は大統領選再出馬を明言していない。

ともあれ、首相となったプーチンは2008年には統一ロシアの党首に就任し、議会をほぼ掌中に収めている。無所属のメドヴェージェフにとって、予算編成などの決定権を握るプーチンの意思に反することは困難である。

プーチンの影響力は、軍・治安機関の関係者（シロヴィキ）によって支えられている。KGB（ソ連国家保安委員会）出身のプーチンは、もともと近い関係にある軍や治安機関に批判的な勢力を抑えさせることで、「双頭体制」のなかでも実質的な権力を握っているのである。

2011年2月、ロシア下院議員アショット・エギザリャンが、訪問中のアメリカで突如、亡命を申請した。エギザリャンによると、自らが保有するモスクワのホテルの株式25パーセントを安値で売却するよう、プーチンに近い政治家や実業家から強要され、それを断ったところホテル改修費用を横領していると訴えられたうえ、親族が殺害されたという。

プーチンと元来敵対していたエギザリャンの言い分だけに慎重に受けとるべきだが、少なくとも現職の議員が亡命を求めること自体が異例であり、「プーチンに逆らう者はロシアで生きていけない」というエギザリャンの主張には、ある程度の真実が含まれているとみてよい。

大統領をも凌ぐ権力を実質的に保持するプーチンは、まさしく現代のロシアに甦った「皇帝」なのである。

スパイ出身の「独裁者」

プーチンは1952年、ソ連のレニングラード、現在のサンクトペテルブルクに、工場で働く両親のもとに生まれた。小学生の頃から、ロシアの伝統的格闘技サンボとともに、柔道を学び始める。

レニングラード大学法学部に入学し、国際法を専攻する傍ら、ソ連共産党に入党（19

91年に離党)。1975年に同校を卒業した後、幼い頃からの憧れだったKGBに就職する。対外諜報を任務とする第1総局員として、1985年から1990年まで東ドイツでも勤務している。

1989年の冷戦終結から、1991年のソ連崩壊に至る激動の時代、プーチンもやはり大きな進路転換をしている。その転機は、1990年のKGB退職とレニングラード・ソビエト議長アナトリー・サプチャークの国際関係顧問就任にあった。レニングラード大学時代の恩師にあたるサプチャークから誘われ、政治の舞台に上がったのである。やはりサプチャークのもとで参事官として働いていたメドヴェージェフと知り合ったのも、この頃である。

1994年、サンクトペテルブルク市長になっていたサプチャークは、プーチンを第一副市長に任命した。プーチンは同市への海外企業誘致などに手腕を発揮し、この間にボリス・エリツィン大統領(当時)を支持する与党「我が家ロシア」のサンクトペテルブルク支部も率いるようになるなど、後の中央政界進出の足場を固めている。

ところが、1996年市長選挙でサプチャークが敗れると、新市長からの慰留にもかかわらず、プーチンは自らも辞任した。その直後、サンクトペテルブルク市政における行政手腕が評価され、大統領府総務局次長に抜擢されたため、活動の舞台を首都モスクワに移す。

翌1997年3月に大統領府副長官に昇進する一方、同年6月にはサンクトペテルブルク国立鉱山大学に準博士論文を提出し、学位を授与されている。学位論文の内容は「天然資源を国家管理のもとにおき、これを内政、外交の根幹とする」というものであった。この論文に関しては、アメリカのブルッキングス研究所が「アメリカ人研究者の論文からの盗作」と主張した。その真偽は定かでないが、いずれにせよ後の大統領時代におけるプーチンの大方針が、この頃にほぼ固まっていたことは確かである。

その後は一気に権力の中枢へ駆け上がる。1998年5月に大統領府第一副長官、7月にKGBの後身FSB（ロシア連邦保安庁）長官に就任した。そして、大統領一派による汚職を追及していたユーリ・スクラトフ検事総長を女性スキャンダルによって失脚させたことで、エリツィンの信頼を勝ち得ていく。

1999年8月、エリツィンはプーチンを自らの後継者として、首相に任命した。それまで一般にほとんど知られていなかったプーチンだったが、首相就任後、チェチェン独立を掲げるイスラーム系武装組織を、「人権侵害」の批判を浴びるほど苛烈に鎮圧したことで、「強いリーダー」として、その人気を急速に高めた。そして同年12月31日、健康上の理由で退任したエリツィンに代わって、ついにプーチンが大統領の座に就いたのである。

「強いロシア」の復活

大統領に就任したプーチンは、「強いロシア」の復活を掲げた。冷戦終結後、経済停滞と政治的混乱を極めたロシアを再生させるために、プーチンは中央集権化を推し進める。

地方政府の首長らが結束して中央政府に対抗すると、2000年5月に、全国に大統領全権代表を送り、知事をその監督下に置いた。さらに2004年9月、知事を普通選挙制から大統領による任命制に切り替えた。地方行政の責任者を中央から派遣するスタイルは、帝国時代からの伝統である。

地方に対する「強い政府」を樹立する一方、プーチンは経済に対する管理も強化した。

エリツィン時代のロシアは、アメリカの資金協力のもとで市場経済化が進み、国営企業の民営化が相次いだ。しかし、その過程でエリツィン一族やその取り巻きによって、不当に安い価格で国営企業が買収される事態が横行した。これによって生まれた新興財閥（オリガルヒ）と政権の癒着は、政治腐敗だけでなく脱税の温床となり、政府財政の圧迫をももたらしていたのである。

「強いロシア」を掲げるプーチンは、エリツィン自身の身の安全は保障しながらも、オリガルヒによって独占された富、なかでも石油や天然ガスといった資源の国家管理を推し進める。なかでも、世界最大級の民間石油企業ユコスの解体は、その象徴であった。

ユコスはソ連時代の国営企業を次々と買収して急速に台頭した新興企業で、最盛時にはロシアの油田の約20パーセントを保有していた。しかし、2003年にミハイル・ホドルコフスキー社長が脱税の嫌疑で逮捕され、2005年には懲役8年の判決を受けて収監された（のち2017年まで刑期延長）。ホドルコフスキー逮捕後、ユコスは280億ドル以上の追徴課税を求められ、結果的に2006年7月破産申し立てに追い込まれたのである。その資産の多くは、政府系石油企業ロスネフチによって買収された。

企業への介入を強め、納税を強化したことに加えて、2000年代の石油価格高騰もあり、プーチン登場後のロシアは急速に経済復興を実現する。世界銀行の統計によると、2000年に2600億ドルだったGDPは、2008年には4320億ドルに急伸している。この経済復興は、強権的であってもプーチンに対する国民の支持の原動力ともなっている。

「皇帝」による言論統制

豊富な資源収入によって「強いロシア」の復活を図る一方、プーチンは自らに敵対するオリガルヒの影響力を削いできた。それは石油・天然ガスといったエネルギー分野に限らず、報道においても同様である。

建国直後のロシアでは、ソ連時代に抑圧されていた言論の自由が復活し、テレビや新聞など民間報道機関が林立した。しかし、その多くは他の業種と同様、新興財閥によるものだった。特にホドルコフスキーと並んでオリガルヒの代表格として知られるウラジミル・グシンスキーは、金融業で得た資金を元手に、全国ネットのテレビ局「独立テレビ」をはじめ、新聞社、ラジオ局、さらに米誌『ニューズウィーク』と提携した週刊誌『イトーギ』などを傘下に収める「メディア・モスト」と呼ばれる複合企業体を創設し、「ロシアのメディア王」と呼ばれた。グシンスキー所有のメディアは、エリツィン政権と近づき、その大統領選挙における主な広告媒体としても機能した。

しかし、プーチンのもとでメディア・モストも解体を迫られる。2000年6月、グシンスキーはやはり脱税の罪で告発され、その後スペインに逃れた。独立テレビは2001

年4月に政府系企業ガスプロムによって買収される。これはプーチンに批判的なメディア・モスト傘下の企業が、その後次々と政府系企業に買収され、さらにロシア公共テレビ、ロシアテレビを加えた全国三大ネットワークが国家管理のもとに置かれる嚆矢《こうし》となった。

さらに、2000年代以降のロシアでは、プーチンに批判的なジャーナリストが数多く不審な死を遂げている。チェチェンでの軍による人権侵害と、その汚職を追及するキャンペーンの中心にいたジャーナリストのアンナ・ポリトコフスカヤが、2006年10月に自宅で何者かに射殺されたことは、その代表例である。

国際NGO「ジャーナリスト保護委員会」によると、ロシアでは2000年から2009年までの間に、16名のジャーナリストが殺害されている。犯人はほとんど検挙されておらず、検挙されても当局から詳しい説明はない。また、報道の自由を求めるロシア国内の団体「ジャーナリズム非常事態センター」によると、2002年からの6年間だけで、300名のジャーナリストが刑事告発されている。その罪状は多岐にわたるが、これもやはりプーチンに批判的な報道を制約する要素となっている。

プーチンによるメディア管理は、欧米諸国と結びついた新興財閥との政争という領域を超え、自らの支配を強化するための言論統制と考えられるのである。

裏庭をめぐる欧米との対決

エリツィン時代のロシアは、経済停滞のなかで欧米諸国との友好関係を求めざるを得なかった。しかし、資源の国家管理やメディア規制などに対する欧米諸国からの批判が高まるにつれ、プーチンもこれに対抗する姿勢を強く打ち出すようになる。

なかでもロシアとヨーロッパの接点である東欧やカフカス地方は、プーチンの反欧米的な外交姿勢を示す舞台となってきた。これらの地域で親欧米路線を取ろうとする国や勢力に対して、プーチンは次々と制裁を下したのである。

2006年1月、ウクライナ向けの天然ガス供給を突如停止したことは、その象徴である。その前年、ウクライナでは親欧米派のヴィクトル・ユーシチェンコが大統領に就任した（オレンジ革命）。この直後、ガスプロムはウクライナに対して天然ガスの価格引き上げを通達し、最終的に供給停止に至った。この影響が、ウクライナからパイプラインを通じて天然ガスを輸入しているドイツなどにも及び、ロシアへの警戒感を強める一因となった。

プーチンの強硬姿勢は、時に軍事的な緊張をもたらす。歴史的に結びつきの深いセルビアのコソボ自治州が、欧米諸国からの支援のもとで2008年2月に独立を宣言すると、プーチンはこれを強く非難したうえで、同年8月にグルジアへの軍事侵攻を敢行した。黒海沿岸のグルジアは親欧米国であるが、国内に分離独立を求める南オセチア自治州を抱えている。同州が国連に独立承認要求を出すと、プーチンはいち早くこれを認め、グルジア軍の南オセチア侵攻に対応するために派兵したのである。

もちろん、冷戦時代とは異なり、欧米諸国と正面から軍事的に対決することは想定しにくい。しかし、天然資源の価格高騰を強い追い風として国力を増強したロシアは、いわば「売り手市場」の強みがある。その結果、製造業を中心に対外投資と市場の確保の観点から国際的な協調を模索せざるを得ない中国と比較して、より強硬な外交姿勢をとっている。そしてこれは、親欧米路線によって政治腐敗や社会的停滞を生んだエリツィンへの反動で、一層強化されているといえよう。

内外にくすぶる不安要因

欧米諸国から人権侵害の批判を浴びながらも、「強いロシア」を掲げ、経済復興や治安回復を実現してきたプーチンは、少なくとも国民からは支持されている。2011年3月に発表された、ロシアの独立系調査機関「レバダ・センター」の世論調査では、プーチン首相の支持率は1年前の78パーセントから下落したとはいえ、それでも69パーセントという高水準を保っている。

もちろん、プーチンも内外に不安要因を抱えている。中東・北アフリカ一帯での政変により、友好関係にあった「独裁者」たちの運命は風前の灯である。さらに、これらの政治変動は、チェチェンの武装勢力をはじめとするロシア国内の反体制派を活気付かせている。

注目すべきは、冒頭に取り上げたように、2012年の大統領選挙にプーチンが再出馬するかどうか、である。元来、メドヴェージェフは経済開放や言論の自由に理解があるリベラル派と目されており、プーチンと立場が異なる。

ただ、いかに「飾り物」とみられても、一旦大統領になったメドヴェージェフが、自らの再選を目指さないわけがない。実際、メドヴェージェフは2011年6月の英紙『フィナンシャル・タイムズ』のインタビューで、政治的混乱をもたらす「プーチンとの一騎打ち」は避けなければならないとしながらも、自らの再選には意欲を示している。

一方で、プーチン自身は再出馬について明言していないが、首相のままでも既に大きな権力を保持しているため、必ずしも大統領選挙へ出馬する必要はないとの見方も可能である。組閣後の２００８年5月、プーチンは大統領の管轄下にある外務大臣や防衛大臣を含め、閣僚からなる「政府幹部会」を発足させた。これは予算編成をはじめとする事実上の最高意思決定機関である。さらに、ほぼ同時に、大統領時代に任命制にした知事を国家公務員として首相の管轄下に置いた。これは、地方に対する権力をプーチンが握り続けていることを意味する。

プーチンの真意は測ることができない。しかし、大統領に返り咲いたとしても、あるいは首相のポストにとどまったとしても、プーチンがロシアにおける事実上の最高権力者であることだけは確かなのである。

あとがき

20名の人選について、２点だけ補足しておく必要がある。

本書は基本的に『ワシントン・ポスト』の週末誌の『パレード』の２０１１年版ランキングに登場した「独裁者」から選んでいるが、キューバのラウル・カストロ国家評議会議長と、エジプトのホスニー・ムバラク元大統領については除外した。

前者は本書執筆のわずか３年前の２００８年２月に現職に就任したこと、そして後者は逆に、本書執筆が始まる直前の２０１１年２月に失脚したことが、その理由である。

彼らに代えて、著者の独断により、ベネズエラのウゴ・チャベスとロシアのウラジミール・プーチンを加えた。

そしてもう一つ、本書は『パレード』が示す「独裁者ぶり」の順位を受け入れるものではない。便宜上、２０１１年版のランキング順に沿って取り上げているが、著者としては

20名全員を横並びに扱っているつもりである。

誰が最も「独裁者」と呼ぶにふさわしいかの評価は、あくまで読者に委ねたい。

『パレード』に代表される「独裁者ランキング」は、欧米諸国ではよくみられるものだ。それらは「いかに悪逆の限りを尽くしているか」といった視点で描かれることが圧倒的に多い。つまり、非難の対象として、「独裁者」を取り上げているのである。

そもそも、「独裁者」という言葉自体が、現代では中立的でない。その言葉には、非難のニュアンスが強く含まれているからだ。「まえがき」で取り上げたカール・シュミットによると、「独裁者のうわさは善人には不快だ」。

ところが、外部勢力や反対派からは「独裁者」と呼ばれている人間でも、誰からも支持されずに権力を握っているわけでない。

多かれ少なかれ、その政策は、支持者からの要望に基づいている。この点では、「独裁者」は先進国の政治家と同じである。

もちろん、本書をお読みいただければ分かるように、それぞれの「独裁者」には非難されるべき側面が少なくない。彼らに支持者がいるからといって、その行いが免罪されるわけではない。

しかし、「独裁者」を「悪」と位置づけ、一方的に非難するのは、生産的ではない。およそ20年前、著者が学生時代に教わったのは、「善／悪の二分法で国際政治をみるな」ということであった。

特定の個人や勢力を「悪玉」と捉えることは、非常に分かりやすい視点を提供する一方、過度の単純化が事実をかえってみえにくくし、対立を過熱させる危険性をも孕んでいる。「テロとの戦い」において、各国に「我々の敵か、味方か」という二者択一を迫ったジョージ・ブッシュは、「アメリカは悪魔」という主張を繰り広げたウサマ・ビンラディンと、この点で同じである。

二分法で善／悪を区切る思考が、世界に相互不信の亀裂を生んだ。この教訓を、我々は忘れるべきでない。

そこで、本書では「独裁者」に対する道徳的・政治的な非難は極力避け、確認される客観的事実に基づき、なぜ彼らが権力を握っていられるのかの背景を含めて、その素顔を描き出すことに努めた。この観点から、本書では「いわゆる独裁者と呼ばれている人間」という意味で、カギカッコつきの「独裁者」と表記している。

本書が、読者の国際政治に対する理解に少しでも役立てれば、望外の喜びである。

なお、文章中の人名、地名などの表記は、原則的に外務省の用例に準拠し、初出の肩書きを除いて、個人の敬称は省略した。

著者略歴

六辻彰二《むつじしょうじ》

一九七二年大阪府生まれ。

横浜市立大学文理学部卒業、日本大学国際関係研究科博士課程単位取得満期退学。

専攻は国際政治、アフリカ研究。横浜市立大学、明治学院大学、拓殖大学などで、

国際政治学、国際協力論、アフリカ研究などの講師を務める。

日本大学文理学部人文科学研究所研究員。

著書に『対立からわかる! 最新世界情勢』(成美堂出版)、

共編著に『21世紀の中東・アフリカ世界』(芦書房)。

その他、論文多数。政治哲学を扱ったファンタジー小説、

『佐門准教授と12人の哲学者――ソロモンの悪魔が仕組んだ政治哲学ゼミ――』

(iPadアプリ)で新境地を開拓。

幻冬舎新書 234

世界の独裁者
現代最凶の20人

二〇一一年九月三十日 第一刷発行

著者 六辻彰二

発行人 見城 徹

編集人 志儀保博

発行所 株式会社 幻冬舎
〒一五一-〇〇五一 東京都渋谷区千駄ヶ谷四-九-七
電話 〇三-五四一一-六二一一(編集)
〇三-五四一一-六二二二(営業)
振替 〇〇一二〇-八-七六七六四三

ブックデザイン 鈴木成一デザイン室

印刷・製本所 株式会社 光邦

GENTOSHA

ISBN978-4-344-98235-2 C0295
む-3-1

幻冬舎ホームページアドレス http://www.gentosha.co.jp/
*この本に関するご意見・ご感想をメールでお寄せいただく場合は、comment@gentosha.co.jp まで。

幻冬舎新書

小谷野敦
日本の有名一族
近代エスタブリッシュメントの系図集

家系図マニアで有名人好き、名声にただならぬ執着をもつ著者による近代スター一族の系譜。政治経済、文学、古典芸能各界の親戚関係が早わかり。絢爛豪華な67家の血筋をたどれば、近代の日本が見えてくる!!

小谷野敦
日本の歴代権力者

聖徳太子から森喜朗まで国家を牽引した一二六名が勢揃い!! その顔ぶれを並べてみれば日本の歴史が一望できる。〈真の権力者はNo.1を陰で操る〉独特の権力構造も明らかに。

高森明勅
日本の10大天皇

そもそも天皇とは何か? なぜ現代でも日本の象徴なのか? 125代の天皇の中から巨大で特異な10人を選び、人物像、歴史上の役割を解説。同時に天皇をめぐる様々な「謎」に答えた、いまだかつてない一冊。

榎本秋
歴代征夷大将軍総覧

元々は蝦夷を討伐する軍団の長に過ぎなかった征夷大将軍が、なぜ約七〇〇年間にもわたって、日本の統治者であり続けたのか。総勢四八人の将軍たちが歩んだ、強権と傀儡の中近世史。

幻冬舎新書

浅井宏純
アフリカ大陸一周ツアー
大型トラックバスで26カ国を行く

大型トラックバスで約10カ月。世界13カ国から集まった同乗者とともに、砂漠を縦断、ジャングルを抜け、サファリや世界遺産へ。貧しくとも、人々は明るくタフだった。命がけの冒険旅行記。

小林よしのり　有本　香
はじめての支那論
中華思想の正体と日本の覚悟

国際社会が「チャイナ（シナ）」と呼ぶ中、なぜ日本は「支那」を差別語扱いし自主規制せねばならないのか――この「ウザい隣国」との本質的問題点をグローバリズムから論じた、新しい〝中国〟論。

エリオット J. シマ
金正日の愛と地獄

裏切り者を容赦なく処刑し、大国を相手にしたたかに渡り合う暴君で非情の独裁者・金正日の、男として、父親として、金王朝の王としての人間像、指導者像に肉迫するセンセーショナルな一冊。

石平
【中国版】サブプライム・ローンの恐怖

リーマン・ショック後に約48兆円の財政出動をし、壊滅的な先進国の輸出を支えた中国は、その副作用でまさにバブル崩壊寸前。中国が内包する矛盾だらけの経済の実態を暴く。

幻冬舎新書

榎本秋
外様大名40家
「負け組」の処世術

「負け組」戦国大名は、いかにして江戸時代を生き抜いたのか。将軍家との婚姻政策に奔走した前田家、藩士1000人の大リストラを断行した津軽家など、外様大名40家の系譜と歴史。

小澤裕美
爆笑！ エリート中国人

八百屋で果物をかじり「味がイマイチだ」と値切るエリートや「六甲の水」を真似て「六本木の水」として売る商人など、腹をよじりながらも中国人との付き合いのコツが身に付く希有な書。

石原慎太郎
真の指導者とは

現代社会の停滞と混迷を打開できる「真の指導者」たる者の思考、行動様式とはいったい何か。先達の叡智、言動、知られざるエピソードをもとに、具体的かつ詳細に説き明かす究極のリーダー論。

眞鍋圭子
素顔のカラヤン
二十年後の再会

巨匠カラヤンから絶大な信頼を得、彼の晩年まで秘書役を務めた著者が初めて明かすマエストロ秘話。よく笑い、時に弱音をもらす人間的な一面から、音楽への真摯で激しい情熱が伝わる貴重な回想録。

幻冬舎新書

小林よしのり［編］

日本を貶めた10人の売国政治家

ワースト3位＝小泉純一郎。ならば2位、そして1位は!?　国民の財産と生命をアメリカに売り渡し、弱者を切り捨てた売国奴。こんな日本になったのは、みんなこいつらのせいだ！　凶器の言葉を投げつけよ。

中村繁夫

レアメタル超入門
現代の山師が挑む魑魅魍魎の世界

タンタルやニオブなど埋蔵量が少ない、または取り出すのが難しい57のレアメタルをめぐって争奪戦が拡大中だ。レアメタル消費大国にして輸入大国の日本よ、今こそ動け。第一人者が緊急提言。

田中和彦

威厳の技術［上司編］

上司は、よく「最近の若者は……」と部下の愚痴をこぼすが、原因は、威厳を失い、尊敬されなくなった上司のほうにこそある。部下からの評価を上げ、マネジメントしやすくなる8つの技術とは？

近藤勝重

なぜあの人は人望を集めるのか
その聞き方と話し方

人望がある人とはどんな人か？　その人間像を明らかにし、その話し方などを具体的なテクニックにして伝授。体験を生かした説得力ある語り口など、人間関係を劇的に変えるヒントが満載。